ルルド大聖堂（65ページ参照／写真提供＝アフロ）

カトリック東京カテドラル関口教会、ルルドを摸した洞窟のマリア像（223ページ参照）

中公文庫

ルルドへの旅

ノーベル賞受賞医が見た「奇跡の泉」

アレクシー・カレル
田隅恒生訳

中央公論新社

目次

1858年当時のルルド略図

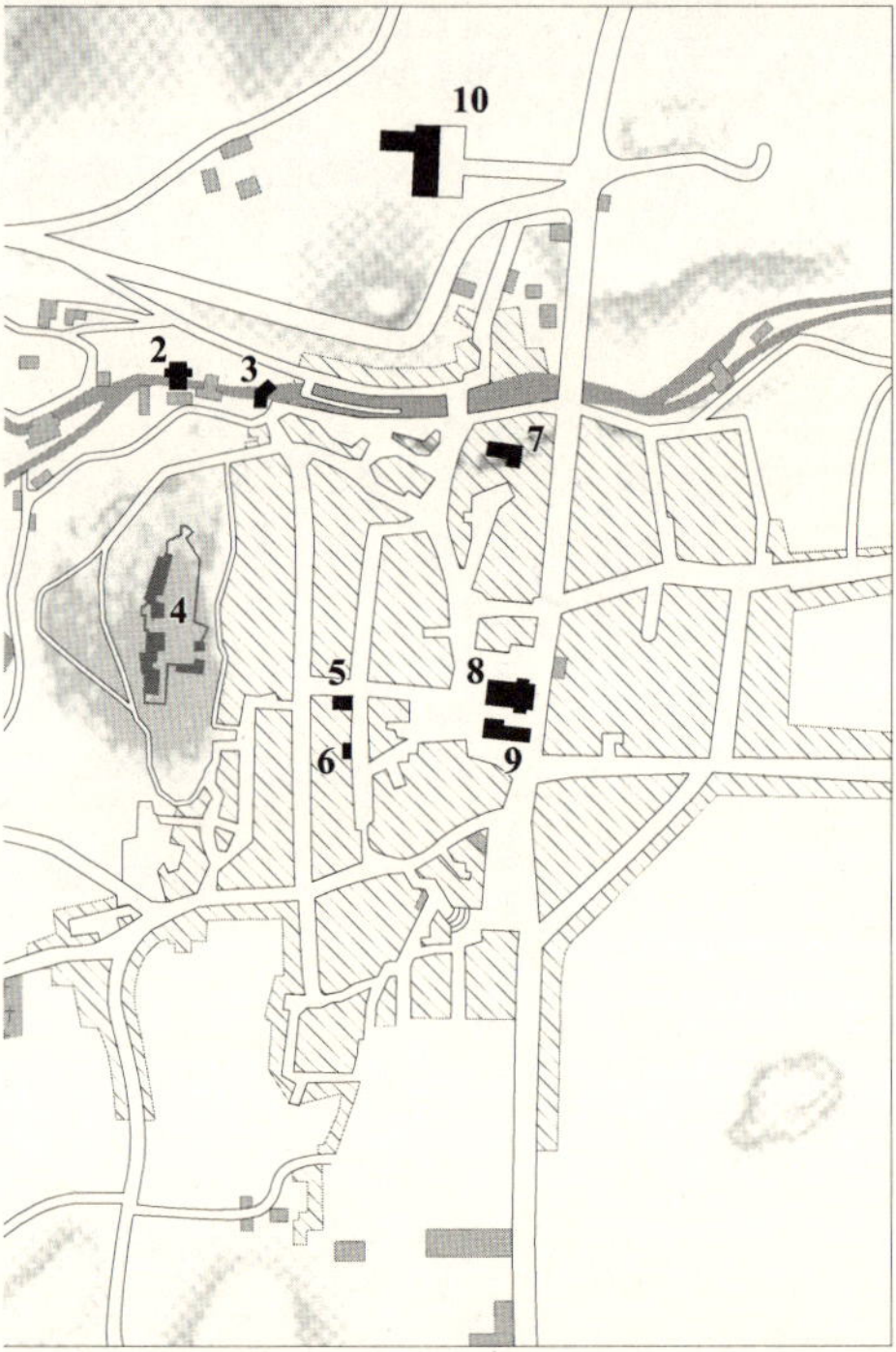

1. グロットー
（マサビエルの洞窟）
2. ボリの水車小屋
（ベルナデットの生家）
3. ラカデの水車小屋
（1865年ごろの住居）
4. 城砦
5. 町役場
6. カショ
7. 司祭館
8. 小教区教会（ベルナデットが洗礼を受けたサン・ピエール教会）
9. 裁判所
10. ヌヴェール・ホスピス兼初等学校

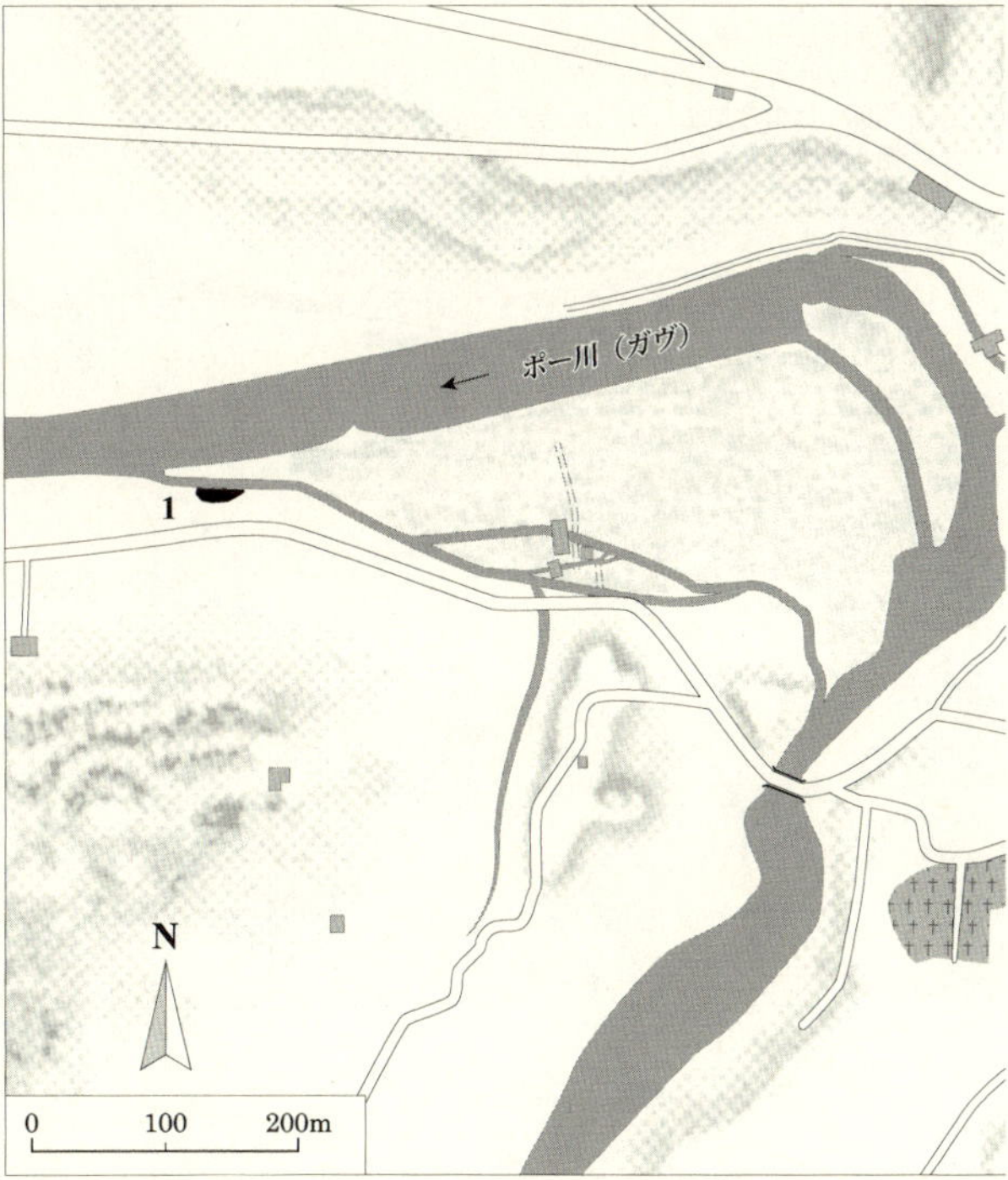

現在のルルド略図

A. クリプト（下部聖堂／1866年建立）
B. 無原罪の御宿り大聖堂
　（上部聖堂／1871年建立）
C. ロザリオ大聖堂（1889年建立）
D. 聖ピウス10世地下大聖堂（1958年建立）
E. 傾斜路
F. ロザリオ広場
G. 水浴場
H. 医学検査所
I. 巡礼受け入れセンター
　（旧〈七つの御悲しみの聖母〉病院）
J. 聖ベルナデット教会（1988年建立）
K. ノートルダム救護センター
L. ルルド駅

数字の示す名称は1858年の地図と同じ。ただし現在は
5. 警察署
7. 図書館
10. ルルド医療センター

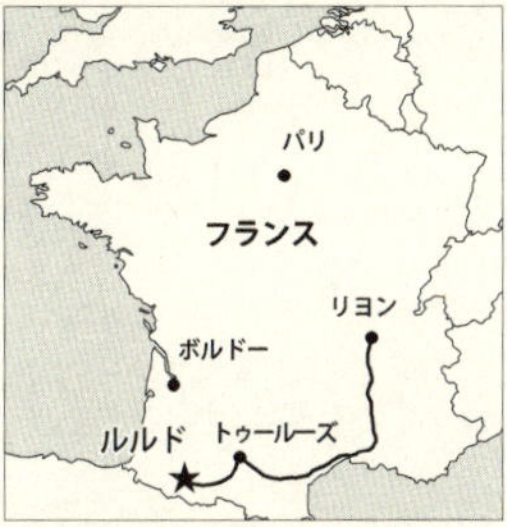

太線はカレルのルルド訪問経路

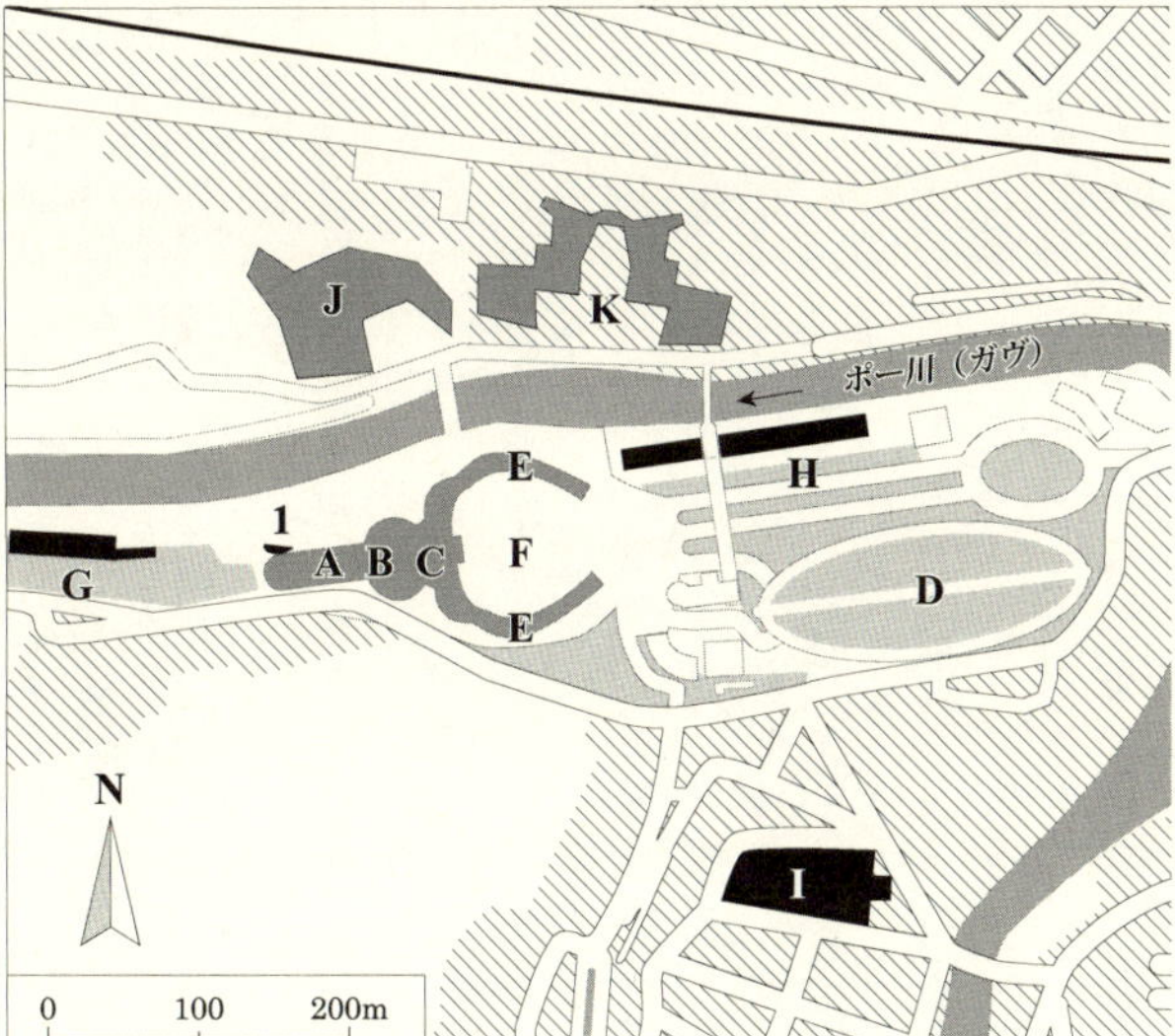

ルルドへの旅——ノーベル賞受賞医が見た「奇跡の泉」

訳者まえがき

田隅恒生

本書は、わが国では一般に「ルルドの泉」として知られているローマカトリックの聖地を一九〇二年に訪れ、ある若い女性が瀕死の状態から目の前で平癒した事実を体験したフランス人医学者でのちのノーベル賞受賞者、アレクシー・カレルの手記『ルルドへの旅』の翻訳が基になっている。ついで、それを読むうえで参考になろうと思われる点の検討と、カレルというきわめて特異な道を歩んだ偉才の生涯を述べ、最後に、ルルドの伝承が明治中期にわが国で受け入れられた状況と資料の具体的な一例を挙げて読者の参考としたものである。

『ルルドへの旅』は別として、ほかの三点は科学と宗教、ナチスドイツの占領下のパリで七十一年の生を終えたカレルの医学者としては例を見ない壮絶とでもいうほかない生き方、そしてキリスト教解禁より間もないわが国におけるカトリック宣教の一端という、いずれも容易でない問題に少しずつ触れてみる、という内容となった。『ルルドへの旅』の翻訳も、フランス語原典の英語版からの重訳だが、これについては「あとがき」で詳述を予定している。また、「ルルドの泉」そのものについては別掲の『ル、ドの洞窟《ほら》』が詳しく語っているので、本文では一七五ページ以下（「解題」の「わが国のルルド伝承受容の時代背景」の節）に記した簡単な紹介以外に触れなかったが、念のためにここでひとこと述べておく。

一八五八年に、西南フランスのピレネー山脈のふもとにある町、ルルドの洞窟でベルナデット・スビルーという十四歳の少女に半年間で十八回の聖母マリアの出現があった。二月二十五日の九回目の出現のときに洞窟に見出された湧水による病気の治癒例が評判になり、世界的に有名な巡礼地として現在にいたった。

ベルナデットは一九三三年に列聖され、教皇ヨハネ・パウロ二世が二〇〇四年に（一九八三年に続く二度目）、同ベネディクト十六世が〇八年にルルドを訪れている。前者は、ベルナデット以前の一八五四年に、「聖母の無原罪懐胎」をカトリックの教義として教皇ピウス九世が回勅にしてから百五十周年を記念したものだった。この言葉は、ベルナデットが、現れた人影に何度も訊ねた末に十六回目の出現で「われは無原罪の宿りなり」としてようやく聞くことのできた（が意味を理解できなかった）名である。後者は、その出現自体から百五十年に当たることを記念する旨が、同教皇の現地ミサで述べられている。

医学と医療技術の進歩とともに疾病の一般的な治癒率はかつてと比較にならないほど高まり、同時に教会側の「説明不能の治癒」に対する適用基準の厳格化が進んで、ルルドの奇跡的な病気回復の数はめったに見られなくなる傾向にある。

かつてのルルドは、聖域であると同時に、病に悩む多数の人にとってきわめて切実な問題の解決が期待されるところだった。それがいまは、あらゆる巡礼地が行楽地化する例に洩れず、敬虔なカトリック信者から単なる観光客までを惹きつける世界的な名所となっている。しかし前述の両教皇の例でもわかるように、ルルドの聖地としての位置はひきつづき今日的な問題でもあることに疑いの余地はない。

『ルルドへの旅』は、それだけで完結した体験記だが、執筆後四十年間も人目に触れず、カレルの死後に未亡人アン・ド・ラ・モットが編者となり、『瞑想』などとの合冊で刊行する気にならなければそれきりだった。しかし、この旅はその後のカレルの出発点となったもので、彼の精神生活も研究者としての新発足も一九〇二年五月末のこの数日間で決まっている。本文でも述べるように、その意味で多くの伝記辞典類が『ルルドへの旅』に触れもしないのは理解しかねる事実である。

カレルの生涯を精神面で見れば、多くの若者と同じく青春の一時期に放棄したと自分でも理解するカトリックの信仰がルルドの体験で回復し、しかも年を経て純化していった軌跡ということができる。医師としては病気治療における抗生物質の利用以前の人であり、生物学者としては分子レベルのことはまったく無知ではないにしても、彼が重大な関心を持っていた生命現象の探求との関連では具体的な認識はなかったと思われる。とめどもなくミクロの世界を広げてゆく現状は、カレルが見れば神の領域に入りこむステージであるにちがいない。

ともかく、筆者としては、図らずもカレルのルルド初訪問に発する関心事に、浅いけれどもひとわたり手を伸ばしてみる、という欲張った思いを、荷が勝ちすぎるとは感じつつ「解題」にまとめてみた。したがって、カレルの人物像を一応は把握することができると感じていただければ、筆者の願いは通じたことになろう。

終わりにお断りしておきたいのは、筆者がクリスチャンでないということだ。むろん、それで何かを言いたいわけではないが、信者の方から見れば掘り下げが足りないとか表現が不適切とかいう点があろうかと危惧する。ご理解をいただきたい。

ルルドへの旅

1930年に撮影されたのルルドへの巡礼団
(Corbis/amanaimages)

本章には執筆当時の偏見からくる差別的な記述がありますが、時代背景および著者が故人であることを考慮し、発表当時のままとしました。

序文

トラピスト会修道士　アレクシー・プレス[*1]

アレクシー・カレル博士が『ルルドへの旅』を書いたのは三十歳のときだった。彼が心中を打ち明けた『瞑想』と題する一文を、カレル夫人を通じて私たちが手にしたときには彼はとっくに六十歳を超えていた。

その三〇年間に彼が経めぐった道のりはなんとはるかなものだったろう！　驚嘆に価する、そして神秘な道を通って、この魂は徐々に高められていた。そして頂点を極めたのだが、その魂には、聖トマ[*2]が「つねに神の御心に従うつもりでいる魂の根本的な姿勢」と定義した敬神の念である、あの完徳が明らかに見て取れる。

アレクシー・カレルをカトリック信者でないと言う人がいるだろうか。力を込めて私にこう語った彼の言葉がいまなお耳に残っている――「カトリック教会が、われわれが信ずると望んでいることを私はすべて信じたいと思い、現に信じています。そして、それに何の矛盾も感じません。科学が事実とすることと現実に矛盾するものなど、出くわしたことがないからです」

たしかに、カレル博士は信心で凝り固まっていると言われるような人ではなかった。宗教を狭い、無味乾燥な形式主義の枠に閉じ込めている多くの人の態度、行為、振る舞いなど、率直、明快で誠実な彼の性格にまったく合わないと多少なりとも見えるものすべてに、彼は頑強に反対した。

真のキリスト教徒とは、心のなかでもほんとうに神をあがめることだとすれば、つまり、神の無限の超越性を認識し、受け入れて、こうして知りえた神の御心に自分の知力も意志も行いも従わせ、自分の尊敬、愛情、行動においてほかの何よりも神を優先するということであるならば、カレル博士はあらゆる意味でキリスト教徒だった。

それが明らかになったのは、病める彼が、臨終の秘跡を受けるべきときと知らされてのことだった。子供のような素直さで、彼は罪の告白をし、臨終の聖体拝領と、終油の秘跡を受けたと、そのときに呼ばれた司祭が証言している。

彼が、私にこう言ったこともあった。

「私は哲学者でも神学者でもありません。科学者として話をし、ものを書いています。ところが、私が神学用語や哲学用語として適切でない言葉を使うと難癖をつけられるのです！　もう一度言いますが、そういう言葉を私は知りません。私は自分が知っている用語で思っていることを述べているわけで、それを覚えておいてもらいたいのです」

『瞑想』の読者は、見事な小品『祈り』の読者もだが、著者のこういった指摘を忘れないでほしい。この注意で読者は軽率な判断をくだすことを免れるだろうし、直接に著者の考えをよりよく把握し、理解できることになるだろう。

一九四三年十月に、非常に弱っていたカレル博士は、自分の所有するサン・ジルダ島〔解題注5参照〕に私を呼び寄せた。私たちは、長いあいだ話し合った。彼は死が近いことを予見しているように見えた。それを冷静に受け止めていたが、つぎのようにつけ加えたことはあった。

「神がもう十年間、仕事をする時間を与えてくださることを願っています。私が学んだこと、実験したことをうまく用いれば、精神的なものと物質的なものとの客観的な関係を科学的に明らかにし、またキリスト教に誤りのないこと、それがためになることを示すこともできるだろうと信じます」

だが、神の御心は別の形でのことにあった……。

訳注
＊1　ブルターニュに生まれ、一九二五～三六年にタミエ（サヴォワ）のノートルダム大修道院長を務めたトラピスト会士。三六年以後は、大革命で破壊され、廃墟になっていたボカンのシトー会大修道院（ブルターニュ、十二世紀の創立）の再建にあたり、同地で没。三七年にカレルを知る。一八八三～一九六五。ウィキペディア仏語版に本序言執筆の記載あり。
＊2　聖トマス・アクィナス。スコラ哲学者、『神学大全』の著者。一二二五－七四。

第一部

カレル博士がルルドを訪ねたのは一九〇三年だった。[*3]その体験を語った本手記は遺品のなかにあったもので、見ればわかるとおりカレルの綴りを逆にした名[*4]の三人称で書かれている。（編者）

機関車の汽笛が鳴った。汽車の窓からは、白い袖の衣服と、白いエプロンを身につけた女たちがハンカチを振っている。老司祭が、病み患ってまごついている農夫を連れてコンパートメントに向かって世話をしながら、長い列車沿いにプラットフォームを急いでいた。この司祭が、巡礼の旅の団長だった。ルイ・レラックは、挨拶をしようと近づいていった。司祭はレラックの手を力強く握り、「本部」と書いてあるコンパートメントに彼を招き入れた。

汽車はゆっくりと停車場を離れた。団長はレラック博士をさる高位聖職者に紹介してくれたが、相手はそっけない笑みを見せただけだった。司教総代理[*5]で、枢機卿大司教猊下《げいか》みずからの心遣いでルルド巡礼の代表に任命されている。三人はコンパートメントに落ち着いた。

レラックは、カフェイン、モルヒネそれぞれの溶液とエーテル、そしてプラヴァッツ皮[*6]下注射器が入っている旅行用の医療用具箱を大切にしまった。

この二等コンパートメントにいるのは四人だった。巡礼団長と司教総代理、そしてレラックの向かいのもう若くはない婦人で、美しいシルクのスカートをはき、堅苦しくきちんと腰を下ろしていた。男たちのほうは、聖職者の習性として富裕で信心深い人たちに用意してあるあの特別の敬意をもって彼女に話しかけていた。彼女は、ド・R夫人[*7]といった。頭上の棚には、刺繍した布製の小さなかばんがいくつか積み重ねてある。四十五歳くらいで、色つやがよく、好感のもてる顔立ちと重みのある雰囲気を具え、ふっくらとした両手は指輪で重そうだった。まちがいなく、どこかの慈善団体の会長、もしくは「フランス祖国」[*8]運動の有力メンバーの夫人だろう、そうレラックは思った。

司教総代理は黒いサテンの手袋をはめ、自分のかばんから豪奢な深紅色の裏地のついたビロードの聖職者帽《スカルキャップ》を取り出して頭に載せた。

それから保守系の地方紙を開き、記事に没入すると、読んで思いついたことを低い、静かな声でときどきほかの人に伝えていた。向かいの席では、団長のB神父が顔に汗をにじませながら、巡礼のうち二人が汽車に乗り遅れ、取り残されたらしいと気の毒そうに語った。

この老司祭は自制心の強そうな容貌の持主だった。鼻の両脇にできた深いしわが口の両端を下へ引っ張っている感じに見える。顎はくっきりと角ばり、口が顔に横一本の細い線を作っているところはナイフで荒っぽく刻まれたようだった。けれども高いアーチ型の眉の下にやや張り出した青い目は澄み、忠犬の目のように誠実で、そうでもなければいかめしい感じになる顔つきに穏やかで優しい印象を与えている。徹底した純真さのあのような表情は、ほんの幼児やある種の修道士の目とか、あるいは、もう何年になるのかもわからないほど長くどこかの修道院で門番を務めてきた助修士といった人を除いて、まず見ることができない。そのまなざしは聖者のものだ。彼の顔立ちだけで、まったく陳腐な、ほとんど愚鈍といっていいほどの外見が変容し、人好きのするものになる。まとっている緑がかった、古ぼけた僧衣《キャソック》の肩は埃まみれだった。司教総代理と話をするときは謙遜して、ド・R夫人同様、「猊下」と呼びかけていた。

汽車は速度を出して南へ向かっていた。暑い日だった。大きな白雲が空いっぱいにあとを追いかけ、強い、無情な光を射しかける。五月末の午後は、七月のうだるような日の暑苦しさだった。B神父のこめかみには、太い、節くれだつような動脈が脈打ってい る。彼はチェックのハンカチで顔を拭った。

司教総代理は胸の前で手を組み合わせ、目を閉じている。レラックは仕事に取りかかり、旅が始まる前に書くことのできた病人に関する少しばかりの所見を分類し、それ以外の人の病歴に目を通した。

B神父から渡された病歴書は、大部分が患者の地元担当医からの証明書だった。ほとんどすべてが、詳細を正確に述べていない。レラックにとっては、あまり役に立たないものだった。

ルイ・レラックが病む人の検診で旅に出たのは、ルルドから送られて来る病状の劇的な改善という報告の信憑性を確かめるためだった。

リヨン大学メディカルスクールの一員として、レラックは解剖学教室での切開術と実験科学の専門家だったが、病理学分野に接する若干の問題にも多大の関心を持っていた。[*9]ずっと前のことだが、彼の関心を惹いたのはルルドで病気が治癒したといういくつものの話だった。ルルドの診療所長、ボワサリー博士の著書二冊を読んだことで、そしてカトリック系の定期刊行物に公表された熱狂的な主張は別としても、レラックはルルドで起こった現象は科学的な調査を行なうに値すると確信した。なにしろ、およそカトリックびいきとは思われない人、エミール・ゾラ自身が肝をつぶすような事実を見て、本まで書いているのだ。[*10]

これまで、ルルドの治癒が組織的に研究されたことはなかった。レラックは、それをやってみようと決心した。治癒したことが気のせいだったというだけのことと分かっても、たいして時間の浪費にはなるまい。逆に、明確な結果が得られれば、原因はどうあれ、科学的に確定したこの事実は無視できない重要性をもつことになるだろう。

生物学的にいうと、そのような現象について知られていることはほぼ皆無だった。それ自体がろくにわかっていない科学上の法則を根拠に何かを否定するのは、まちがっている。このようなふしぎな治癒が宗教的な新聞などでルルドのおかげとして称揚される場合は、病院で患者が受ける検査とか、研究室で行なわれる実験などと同じように、まったく簡単に事実を客観的に検証することができる。診断になんらかのいかさまや誤りが見つかれば、暴露すればいい。だが、とてつもない何かのひょうしで、起きたことが真実ということになると、興味深いことおびただしいものを目にできるのはまたとない好機だし、きわめて重要な考察への道が開けるだろう。

こういった考えをもっていたレラックは、巡礼団の医療奉仕を担当する知人の医師から代わりに行ってくれないかという申し出を受けると、よろこんで病人のルルド巡礼に同行できる機会を捉えたのである。一列車分の巡礼との旅はありがたいことではないが、レラックはカメラ、水彩画の絵具箱、診察を記録するノート、そして多少の薬品で準備を整え、出発した。

このような患者を調査することがおそろしくむずかしいこと、彼らの診察は不可能に近いことを旅行の前に認識していたら、レラックは計画をとりやめたことだろう。※しかし、いまとなっては遅すぎた。

※編者注　この言葉が、ルルドへ出発する前に多数の患者を綿密に診察することができなかったレラックのいらだちを表していることに疑いはない。しかし、読者に留意願いたいのは、レラックがマリ・フェランの病状をルルドへの車中でも、現地の病院でも徹底的に診察していることだ。マリ・フェランは、その治癒が本書の主題となった若い娘である。

司教総代理が目を覚ました。汽車はある小さな駅で止まった。暑さがいっそう激しくなっていた。蠅《はえ》の飛ぶ音がうるさい。

「ロザリオの祈りを始めましょう」と司教総代理が告げた。「マダム・ド・R、先唱を務めていただけませんか」

この名誉を受けて戸惑ったド・R夫人は辞退しようとしたが、司教総代理にぜひにと言われて、始めた。

B神父は、曲がった太い指で自分の数珠《ロザリオ》の大きな木製のビーズをつまぐっていたが、疲れ切った様子だった。レラック博士は帽子を脱ぎ、ほかの人たちを見守った。

ド・R夫人の祈りにものうげに唱和する皆の声が単調につづく。彼女の話しぶりは母音が間延びしていてのろく、声はやや高かった。よく見ると、ドレスの襟もとから甲状腺が突出しているのが見えた。彼女もまた、腫瘍のなくなるのを願ってルルドへ行く患者だったのだ。

司教総代理は、両手を袖に入れていた。色つやのわるい、繊細な、しわの多い顔つきで、よく動く唇の薄い口と、真っ黒な剛毛のような眉の持主だった。垂れさがったまぶたをときどき挙げると、聡明で用心深そうな目の黒いひらめきが表れる。

「願わくは聖父《ちち》と聖子《こ》と聖霊に光栄《さかえ》あらんことを[*11]」とド・R夫人は祈りを締めくくった。

「アーメン」

司教総代理は食事ができそうな駅のレストランが出す食べものと、ルルドにあるさまざまなホテルのことを訊ねた。その様子は、自分に課せられたおもしろくない役目をできるだけ気持よくこなそうと試みているようだった。

B神父は病人を気遣っていた。

「今回でルルド巡礼は二十五回目になります」と彼は言う。「聖母はいつもあたたかいお恵みを与えてくださいました。患者三百人ごとに、五、六十人ほどは具合がよくなったとか、治ったとか、帰るといつも感じています」

レラックは訊ねてみた——「すると、治ると期待して出かけてから、つらい長旅の苦労がむだになった人たちはどうなるのでしょう。疲労と、願いが満たされない絶望とで死ぬしかなくなるのではありませんか」

「ドクター、それは、信仰をお持ちでない方のお考えです」とB神父は答える。「治らない人でも、慰めを得て帰ってきます。家に着いて亡くなるにしても、仕合せなのです」

二人は通路に立っていた。汽車は疾走する。雲を通して白い陽光が射しこむ。春先の雨で増水した川が、あちこちに柳やポプラが生える低い岸のあいだを荒れ狂うように流れていた。ポプラは強い南風でしなやかにたわみ、柳は銀色の葉裏を見せていた。

地平でもやに溶けあった見渡すかぎりの地形には、五月の明るい色調のなかに黒い、くすんだ畑が点々と散らばる農地を壁のように囲む糸杉の木立が早くも目に入ってきた。どこもかしこも、自然の強い生命力ではちきれるばかりなのだ。春のいなかをこの列車で運ばれてゆく哀れな、不仕合せな人たちも、無意識のうちに最後の力を振りしぼって生を摑み取ろうとしているのだった。

朝の六時（原文ママ）に、レラックは通路へ出て、まだロザリオの祈りが単調に繰り返されているコンパートメントの息の詰まりそうな雰囲気を逃れようとした。最後尾のコンパートメントでは、四人の神学生と青白い顔をした一人の娘が笑いあい、聖歌を歌っていた。

一等室を占領している中産階級《ブルジョア》の夫妻が、黄色い革の大きなかばんをいくつも無造作に放り出している。隣の室には、我を忘れたような面持ちの修道女が独りで坐っていた。その先のコンパートメントでは、視力のない幼児を連れた家族が、巡礼団のいわば副団長のP神父という肥った司祭に見守られていた。この人も、上司のB神父と同じように、みじめな列車のなかで打ちひしがれている人たちの気持を十分に理解していた。患者に対する彼の気遣いは、あきらかだった。

「患者のうちの二人が、非常な苦痛を訴えています。モルヒネの注射をお願いできませんか？」と彼はレラックに頼んだ。

病人がぎっしり詰まった車両には通路がなかったので、司祭とレラックはつぎの駅で外へ出ると、三等車へ行ってみた。[*12]

司祭は、過去八か月のあいだ、絶望的な病状にあった若い娘のいるコンパートメントへレラックを案内した。娘の名はマリ・フェランといった。旅行の数日前に、聖ジョゼフ病院の外科医は、彼女の症状が不安定だという理由で手術を断っている。そこで彼女は、ルルド行きを断固決断したのだった。

P神父はレラックに言った。

「娘には、とくに気をつけるようにと言われています。彼女の面倒を見てくださるとありがたいのですが」そして続けた――「極度に衰弱していますので、万一のことにならないかと心配しております」

コンパートメントの扉は開いていたが、二つの座席に差し渡したマットレスのために、そちら側へは入れなかった。マットレスには、やつれて土気色の顔をして、唇の色を失った若い娘が横たわっていた。

「とっても苦しいのです。でも来ることができてよかったと思います。シスターたちは私を行かせたくなかったのですから！」と彼女は言った。

「今晩、もう一度来てみます。それまでに、痛みがひどくなるようなら私を呼ぶように看護婦に言ってください。楽になるような注射をしましょう」とレラックは答えた。

P神父とともにその場をあとにしたレラックは言った。

「患者の具合はけっしてよくはありません。旅行中に、だれか亡くなったときはどうするのです」

「そういうことは、まずありません。でもその場合には、遺体をつぎの駅で汽車から降ろします。ごく簡単なことです」

すべての車両から、看護婦がプラットフォームに降りてきた。窓からは、血の気のない、衰弱した顔がじっと見つめている。そのなかで、あちこちにはればれとした表情の村の司祭とともに何人かの農夫がいた。また多くの若い娘がプラットフォームを行き来している。身につけている看護婦の制服の白いエプロンと染みひとつないゆとりのある袖が、よく似合っていた。正規看護婦一名と、何人かの看護実習生が各車両に配属されていたのだ。車内には地元の人も混じっていた。日に焼けた、どこか当惑顔の農婦たち、そして空き壜やさまざまな小さな包みなどを持ってきた人もいる。その場を覆っていたのは、陽気な気分だった。

この巡礼団はバカンス旅行の列車に似ていなくもない。ただ、品のわるい冗談や歌などはないところが違っていた。ある日焼けした、いなか司祭が車両から車両へ駈けまわっていた。山から出てきた農民の大きなグループの世話をしながら、パンやソーセージや、ワインのラッパ飲みなど――なにもかも患者とともにしていた。

司教総代理はプラットフォームの向こうの駅の食堂へ出かけていた。巡礼団長は遠慮して三等コンパートメントへ行き、そこで食事をしている。木箱、かご類や病人用の食べ物が山積みになったところだった。

十時ごろに、司教総代理はビロードの聖職者帽をつけ、夜をすごす支度をした。青いカーテンを引いて、明りは弱くしてある。ド・R夫人はおだやかな品位を保ったまま、眠りについていた。

外では、澄んだ空に月が照り、遠方の海岸沿いの砂浜には波が白くきらめいている。不意に、汽車がまた小さな駅で停まった。あたりは真っ暗だった。自分の車両の昇降段に立っていたレラックは、だれかの話す声が聞こえたような気がした。

「ドクター、ドクター、急いで来てください。どうしたらいいのかわからなくて……」

と女の声が言っていた。

レラックは看護婦の白い姿のあとを追って、果てしなく続く車両の横を満員の三等コンパートメントへ向かった。

車両の片方の端に、一人の女性患者が薄いマットレスを敷いた台板の上に横たえられている。体つきはがっしりしているが、まちがいなくはげしい苦痛のために体を右に左によじり、のたうっていた。同室のほかの人たちはそれを見守るしかなかった。

「もう我慢できません。死にそうです」と若い女はうめいた――「もう二時間も続いているのです。お医者さま、なんとかお願いします！」

レラックはモルヒネを注射した。苦痛はすぐに和らいだ。

「心臓病を患っていて、体じゅうがむくんでいるのです。少し前に、固ゆでの卵を二つ食べたのですが、きっとそれが消化不良のもとだと思います」と女は言った。

レラックはできるだけのことをしたものの、つぎの停車場まで自室に戻ることができない。そこでコンパートメントに閉じ込められるはめになったのだが、一緒にいたのは女が四人、農夫が一人、そしてもう一人いた若い男は、驚いたことに彼のかつての級友、A・Bだった。

異常に感じられるほど夜は長かった。不幸な人たちすべてにとって、おののき、苦しんでいる病人とその世話をする人にとっても朝の三時――太陽が顔を出して夜を追い払う直前の時刻——というのは恐怖と苦痛と絶望の時刻なのだ。

汽車がつぎの駅に着いたとき、マリ・フェランを夜通し看病していた看護婦は患者が昏睡状態になったのを見ると驚き、あわてて人に頼んでレラックに来てもらった。マリ・フェランは衣服を半分脱いで、マットレスに横たわっていた。顔に血色はなかったが、意識は取り戻していた。コンパートメントには薄暗い照明があるだけだった。暑さは堪えがたい。レラックが下げた窓からどっと吹き込んできた新鮮な風のおかげで、マリは完全に意識を回復した。

「ルルドに着くのはむりでしょうね」悲嘆にくれた彼女は言った。

長い列車が停車で揺れるといつも乗客どうしはぶつかり合い、その衝撃の繰り返しが想像を超えるような苦痛を病人に与える。

看護婦は言った——「汽車が駅に着くたびに、あの人はもだえ苦しみます。いまにも失神するのではないかと思うほどですが、何もしてあげられないのです」

「とにかく、注射を打ちましょう」とレラックは言った。

看護婦はマリ・フェランの痩せ細った腕の袖をまくりあげた。レラックはプラヴァッツ皮下注射器にモルヒネ溶液を満たし、アルコールランプがなかったのでマッチの火に針をかざした。そして、煙の色のついた針先で小さな黒いしみができた白い皮膚に針を刺した。

「五分もあれば、痛みは治まります」と彼は言う――「そのあいだに、腹部を見せてもらって、アヘンチンキ[*13]を少し用いましょう」

看護婦は手際よくマリ・フェランの膨満した腹部をあらわにした。皮膚は光ってはち切れるばかりに伸びきり、脇腹に肋骨が大きく浮き出している。見たところ膨満は硬い塊によるものらしく、へその下には腹水の詰まった嚢《ポケット》があった。結核性腹膜炎の典型的な症状だった。レラックは、人差し指と中指の背で腹部を触診した。体温は平温を超えている。下肢にもむくみが見られた。心拍も呼吸も加速していた。

「両親はご健在でしょうか？」レラックは訊ねた。

「いいえ、数年前に両方とも亡くなりました」

「亡くなられた原因は？」

「父は喀血し、母は長く病んだあと気管支炎で死亡しました」

マリ・フェランを汽車まで連れてきた修道女は、マリがいままで病気の絶えることがなかったとレラックに告げていた。十七歳で空咳《からせき》をして喀血し、十八歳で胸膜炎にかかり、左肺から半ガロン〔訳者注／米国では約一・九リットル、英国では二・二五リットル強〕

以上の胸水を抜きとっている。その後、もち直しはしたものの実際に回復を見たわけではない。その後、Nで入院したとき、彼女の腹部は膨満し始め、発熱もあったので、医師は結核性腹膜炎と診断した。数か月後に、医師は手術を受けさせるため彼女を聖ジョゼフ病院に送った。しかし、そこの外科の主任医師は症状全体の重篤さを見て手術を見送った。家族は病状が絶望的と言われ、彼女はNの病院に戻された。だがルルドを訪れる決意は揺るがなかったので、病院もようやく了解した、というのが事の次第だった。

これらの情報はすべてレラック自身の観察と正確に一致していた。マリの腹部を見たときに、彼はコカインを麻酔剤に使ってへそのすぐ上部に一インチか二インチの切開を施すことができるかもしれないということを考えた。ルルドから彼女が生還できればこの方法を提案してみよう、と自分に言い聞かせた。

モルヒネの効果が出始めていた。

「気分がよくなりました」とマリ・フェランは呟く。

またもや、汽車が停まるまでは自分のコンパートメントに戻れなくなったレラックは、座席に腰を下ろして待っていた。

まもなく日が昇る気配だった。半透明に澄んだ空は、夜の青みがかった寒色にまだ染まったままだ。田園はかぐわしい香りを放ち、薄霧が地平に延びる丘陵のかすかな輪郭をベールで覆っていた。

だが朝のはじまりの新鮮な大気も、病人が不安げに息をする、籠ってむっとした空気のなかまでは入ってこない。

マリ・フェランも、顔をあげて悪臭のする空気を呼吸していた。その青みを帯びたまぶたは閉じたままである。モルヒネが、彼女を眠らせたようだった。ごく安らかにそこに横たわっている様子を見守る看護婦も、目に見えて安堵を覚えていた。

この若い看護婦が信仰心から病者の世話をし、多くの気がかりな時間を過ごしてきたことに疑いはない。そのときまでレラックが目に留めたのは、手首を押さえている白い袖先と、敏感そうな両手の軽やかな、だがしっかりした指のみだった。ところがいまレラックは、彼女が正規看護婦の制服を着ているのに気づいた。彼女の顔は、黒い眉の下で光を放つ目のあることで注意を惹くのだが、そこに陽の光があたると金色の斑点が生れる。レラックは巡礼やルルドのことをしばらく彼女と話した。

二人の気の毒な女性が車両の端の座席にいた。片方は膝に腫瘍のできた小さな男の子を連れていた。もう一人は、動物のようなうなり声を挙げ、口から舌を垂らし、こわばった姿勢でそこに腰かけている成人した娘を連れていた。

緑の丘の稜線のうえにゆっくりと昇ってきた太陽のバラ色の光が、車両の扉を、ついで病む娘の顔を照らした。

鳥が歌い始めていた。地面からは、乾草の心地よい匂いが立ちのぼる。細かい地形のひとつひとつが、日の出とともによりいっそうくっきりと現われてきた。勝ち誇っているかのような田園を横切ってゆく一列車分の病人の不安は、この壮麗な景観ときわだった対照をなすものだった。

大自然の無感情のうららかさに比べると、成熟の戸口そのものにさしかかったときに生の扉が閉まりかけているあの若い娘、マリ・フェランのみじめな顔は、なんとまたいっそう哀れなことか！

しかも、こうしたいたましい人々のだれひとりとして、生きることを進んであきらめようとはしていない。それぞれが生への切望、差し迫った必要を感じているのだ。仕合せなのは、ある高い英知が、自分たちのもつ手法のわずかな成果を守り、やみくもにはたらく力によって自分たちが破滅に追いやられるのを防いでくれると信じている人たちだ。

午後二時だった。汽車は目的地に近づいていた。聖なる地、奇跡の町、長く、つらかったこの旅の終点――ルルドそのものが、春の日の晴れやかな光輝につつまれてまもなく現われようとしている。ピレネー山脈のまるみを帯びた前山のうえに、大きな白雲が静止したまま懸かっていた。空気は動きもせず、暑かった。一列になってきらめいている柳の樹が終わったところに、山を下ってきたルルドの流れが見え始めた。そしてはるか遠方からは、繊細で清らかな、ほっそりとした尖塔がもやを通して視野に飛び込んできた。

汽車は、停車場に入る前にいったん止まった。どの窓からも、青白い顔が外を眺めている。喜びと高鳴る気分にひたりながら、自分の不幸な運命が風に吹かれる煙のように消え去ると期待してやってきた選ばれた地を目にしようとしていた。

このような溶け合った数々の熱望、このような数々の苦しみ、そしてこの惜しみない愛のすべて、それらから希望という大きな息づかいが洩れてくるのだった。

司教総代理はすでに席を立っていた。ド・R夫人は刺繍した布のかばんに枕をしまうところだった。中産階級の夫婦は、黄色の革のスーツケースを持って通路へ急いで出てしまっていた。ものを言う人はいなかった。だれもが、それぞれの願いごとに奇跡的な応答がなされることもあるという聖堂《バシリカ》を見つめていた。

列車の最後尾で、聖歌を歌う声が始まった。

Ave maris stella
Dei mater alma...

「めでたし、海の星[*14]
天主の尊き母……」

車両からつぎの車両へと祈りは唱和されてゆき、全員が声をかぎりに歌っていた。ざわめきのなかから、子供たちの高い声、聖職者の低い、かすれた声、それに女たちの声が聞き分けられた。
それは、教会のミサで高い声の少女の聖歌隊がさえずるように歌う日常のものとはちがっていた。生というパンに飢えた、「貧しき人々」の祈りだった。
ふいに、レラックと同じ車両にいた人たちも加わった。司教総代理はよく響く声で、結核を患っている司祭のかすれた音色《ねいろ》や、ド・R夫人のどこか緊張した声を支えた。P神父も、自分のコンパートメントで「めでたし、海の星」を歌い、車両のいちばん先では、神学生たちのしっかりした声を背景に自分のパートを歌っている顔の青白い、目が充血した娘の若い声が聞こえた。
どの車両も興奮が高まった。汽車は揺れながら動き出すと、満ち足りた気持と望みを与えるこの聖歌の伴奏でゆっくりとルルドの停車場に入っていった。

訳　注

＊3　ルルド訪問は一九〇二年五月末のことで、ここに一九〇三年とあるのは本編に見られる多数の作為、潤色に編者のカレル未亡人が従ったもののひとつ。この点はあと（一一六ページ「『ルルドへの旅』をどう読むか」の節）で触れる。

＊4　カレル Carrel という姓の綴りを逆にしたレラック Lerrac という架空名で書かれている。

＊5　Vicar-General/Vicaire général. 日本カトリック中央協議会制定の現行訳語。

＊6　フランスの整形外科医シャルル・プラヴァ（Charles Pravaz, 一七九一～一八五三）が発明した注射器。注射器をいうときは一般に「プラヴァツ」と呼ばれていたらしい。

＊7　「ド de」はこの場合おそらく貴族の称号。

＊8　「フランス祖国同盟」Ligue de la Patrie française. ドレフュス事件（ユダヤ系軍人ドレフュス大尉に対する事実無根の弾劾）が進行中の一八九八年十二月末日に作家エミール・ゾラたちのドレフュス擁護派に対抗して、モリス・バレスらが結成した国家主義団体。

＊9　カレルの一九一二年度ノーベル生理学・医学賞受賞の対象は血管外科分野の業績。

＊10　Émile Zola, *Les Trois Villes, Lourdes*, 1894. ゾラの一八九一年、九二年のルルド訪問に基づく小説。ローマ、パリとともに三部作『三都市』をなす。主人公は信仰を失っていた若い神父ピエールと麻痺患者のマリ。

＊11　一九〇九年公教会祈禱文。

＊12　コンパートメントがレラックの車室のように線路側の通路でつながっているタイプと、昔の馬車のなごりで個々の車室へはプラットフォーム側についた扉を開けて出入りするタイプがある。後者の場合、走行中にはほかの車室への訪問やトイレの利用などはできない。

＊13　アヘン粉末のエタノール溶液。主として鎮痛剤に用いられた。

＊14　訳歌詞は『公教典礼聖歌集』一九四三年版より。「海の星」は聖母を表す。

第二部

ルイ・レラックがホテルの食堂を出て、ひんやりした、薄暗いロビーを後にしたのは、正午に近かった。外のまぶしい陽光に目がくらみ、彼は一瞬玄関口で立ち止まった。それからタバコに火をつけると、石段を降りて街路に出た。

真昼の燃えるような光のなかで、濃い青の空が人通りの途絶えた歩道のうえにゆらめいて見える。家々は短い、くっきりとした影を路上に投げかけ、白っぽい砂に反射するまばゆい陽の光に目が痛み、まぶたを閉じたくなるほどだった。熱風がひと吹きするとその前の砂ぼこりの渦を追い払う。あたりは蝿の飛ぶ音でいっぱいだった。

ルイ・レラックはゆっくりと通りを進んで、ホテルから数百ヤードのところにある、〈七つの御悲しみの聖母〉*15の名がついた大きな病院の建物へ向かった。巡礼列車でルルドに到着した病人が、いまひとつに集められているのはここだった。

彼が病院へ行こうとしていたのは、とくに彼の関心を惹いた患者数人の検診を、彼らが午後の沐浴のため洞窟《グロットー》*16へ出かける前にすませておきたかったためだ。まもなく、彼は〈七つの御悲しみの聖母〉病院と道路の間にある背の高い門に着いた。門のむこうには広い中庭があるが、いまは砂漠のように燃え立っている。病院の建物と礼拝堂の前には緑の芝生が広がり、よく刈りこまれた垣根の黒っぽい列がまわりを囲んでいる。

病人の搬送用に、中庭へ向かって二組の軌道があった。そこには赤と白のカーテンを下ろした病院の長い車が置きっぱなしになっていて、そのなかで〈ルルドの聖母〉[*17]のボランティアが一人、腰を下ろして居眠りをしている。彼は担架を運ぶ黄色い革の肩帯を掛けていた。口にはブライア[*18]のパイプをくわえている。頭に載せたベレー帽を引き下ろしているので、見えるのは騎兵ひげ[*19]だけだった。病院から出てきたもう二人のボランティアがいたが、どこかのカトリック・アクション[*20]に属する職人のようだった。

ルルドでは、病人はあらゆる社会層から集まったボランティアの世話になっている。患者をあちこちへ搬送し、水浴場で沐浴をさせ、洞窟や病院の秩序維持を引き受けて毎年何週間かを過ごす。大巡礼団が来るときは非常に骨の折れる仕事になるが、最大限の献身ぶりで務めを果たしている。ボランティアのなかには、純粋な親切心からレラックの仕事をやりやすくしてくれた人も何人かいた。

ボランティアを指導するS・Mは病院の入口に立っていたが、彼のまわりに集まっている担架運びとは彼特有ののろい、農民言葉で話していた。どこから見ても重要人物らしい様子で、長く伸ばした白い顎ひげは、青い記章と銀の十字架をつけた胸まで広がっていた。その献身的な奉仕のあかしとなるものは、とびきり豪華な肩帯と、ボタン孔に挿している高位の教皇勲章の赤いリボンである。きれいな黒のビロードのベレー帽の下で、彼の肉づきのいい赤ら顔は汗まみれだった。気持を高ぶらせ、気遣いを絶やさず、そして有頂天気味で、まるで攻撃前の将軍のように部下に指示を与えていた。

彼に挨拶をしてから、レラックは担架運びの一人で元気よく彼に声をかけた男と話をしようと近寄った。汽車で出会った、昔の同級生のA・Bだった。

A・Bも肩帯を吊るしていた。この二日間、彼は車内じゅうをまわって病人を運び、駅のプラットフォームに下ろし、病院まで車で運び、衣服を脱がせ、水浴場で水に浸けてやり、ノミやシラミだらけのぼろ着にも、化膿した外傷にも血まみれの腫瘍にも、これらすべての崩れかけた体から発散するおそろしい悪臭にも、嫌悪のそぶりさえ見せなかった。しかもパリでは、A・Bはこのような傷ついた人のいやらしさがもっとも少ない場合でも、自分のステッキの先ですら触れようとしなかったのだ。

レラックは、ルルドの雰囲気の効果に感銘を受けた。

「いつごろ患者を水浴場に連れてゆくのかね?」と訊くと、A・Bは答えた。

「一時半ごろだね」

「なるほど、まだ十二時にもなっていない。時間はたっぷりある。ちょっと歩こう」

二人は一緒に、人けのない、日に照らされた通りを町の中心へ歩いて行った。はでな日よけに被われて、軒を並べた店があざやかに色づけした聖母とベルナデットの像を陳列している。白い家が涼しい、青い日陰をつくって並んでいる小路の、高い石壁の向かいで日の当たらないところに、小さなカフェがあった。

そこの静かさが気に入り、二人は垂直な背もたれの小さな椅子に腰を下ろすと、コーヒーを注文した。A・Bは店の人に紙とインクを出してもらって、パリに独り残してきた若い妻に手紙を書き始めた。

レラックは壁を後ろにして上体を反らせて座り、静かな空気のなかをまっすぐに立ちのぼるタバコの煙と、明るい正午の日差しのもと小路の突き当たりを行き過ぎる人々と、帽子をかぶったA・Bの日焼けした顔を眺めていた。心のなかでは、A・Bのような人が自発的にあの胸のわるくなるような、無力な病弱者とともに三等車で旅をし、その介護に自分を絶え間なく捧げているのにはいささか驚いていた。彼の若妻が妊娠中だったのは事実で、たぶんそれで彼女が聖母の加護を祈って彼をルルドへ送り出したのだろう。彼がこの苦行を引き受けたのもそのためだったのは疑えない。俗世間の若い男にとって、大声で祈りを唱えながら、病人用の小さな車を曳いて街なかを行くのは、つらいにきまっている。しかし、彼の信仰は小さな子供の信仰のように単純で無条件なものだった。

レラックとA・Bは同じ学校の出身で、[*21] まったく同一の宗教教育を受けている。だがのちに、世の荒波は二人を反対の方向に進ませた。この友人を見ていると、レラックは自分自身がどれほど違った成長の仕方をしてきたかが分かるのだった。科学の研究に没頭してきた彼の精神はドイツの批判的分析体系[*22]に強く惹かれ、徐々に実証的な方法以外に確実なものは存在しないと固く信ずるようになった。分析的な手法で擂り潰された彼の宗教観念はついに破壊され、あとに残るのは繊細で美しい夢のような、なつかしい記憶のみとなってしまった。

そこで彼は、懐疑主義の寛容さに安らぎを求めた。セクト的なものすべてに恐怖を抱き、何であれ裏表のない信念なら価値を認めるのにやぶさかでなかった。

彼にとって、第一原因[*23]などを探る試みはまったく無益なものに思われた。彼の唯一の関心は自然現象それ自体の研究にあった。合理主義で彼の精神は完全に満足したが、心の底にはひそやかな悩みが隠れていた。あまりにも狭いところに抑えつけられているという感じであり、確信しうることに対する癒やしがたい渇望だった。

彼は、哲学および哲学者の文章を学んで、不安に、さらに苦悶にすら長時間を費やしたものだった。たしかにその後、いくらかの心の平安が得られたことはある。ところがいまになってさえ、心の奥のどこかの襞にたくしこまれた、確信、安息、愛を再発見したいという漠然とした希望を無意識に持ちつづけていたのだ。

閉ざされた心を見境のない信仰であやして眠りに誘う、ルルド巡礼者や同行の神父たちの極端な信仰心に基づく言動を彼は嫌い、そして好ましいとも思った。

学んだことはあまりにも少なく、しかも自分のなかに蓄積された美点の多くがその犠牲になった、と彼は考えた。そして運ばれてきたばかりのコーヒーに砂糖を入れながら、真実とはつねに悲しく、苦いものだ、と心のなかで思った。彼は不幸な男だった。

ちょうど手紙を書き終えて、黄色の封筒に封をしていたA・Bに向かって、彼は言った。

「けさ、水浴場で病気の治った患者がだれかいたかね？」

「いや、あそこで治った人はいない。でも洞窟で奇跡を見た。水浴場のそばを歩いていると、ある齢をとった修道女が松葉杖でよちよちとやって来た。水を少しコップに入れ、大きく十字を切ってから水を飲んだのだ。すると顔は歓喜で満たされ、松葉杖を放り出すとほとんど駆けるように洞窟へ行って、聖母像の前に跪いた。彼女は治ったのだ。聞いたところでは、六か月前にねん挫を起こし、片足に不治の疾患があったらしい」

　レラックはさっそく自分のノートのページを調べてみた。

「修道女というのは、リヨンの市立病院《オテル・デュー》*24にいた看護婦のことじゃないのか？　シスター・Dといって、小柄な、しわくちゃの婆さんじゃないかな」

「そう、あの人だ」という答えだった。

「じゃ、それは自己暗示の興味ある実例というものだ。偶然にも、ぼくが診た患者の一人でね。片足をねん挫したことはまちがいない。ただ、ルルドに着く前に完治していた。ところが、まともに歩くことはもう絶対にできないと信じこんでいたのだね。神経衰弱に罹っていたのだ。足のひどい痛みで泣きごとを言って、松葉杖なしでは何もしようとしなくなった。ルルドが、治るとあてにできる、頼みの綱だったわけだ。ルルドへやってきて、そして治った。これほど、自然なことがあるだろうか」

「でも、何をやってもだめだったのにルルドで治ったということを、どう説明する？」

「それは、巡礼に信じられないほどの暗示力があるからだ、現代最高の医師たちが発揮するのに比べると無限に大きい力が。祈りで高揚し、ひとつにまとまった人の群れが、神経系統には途方もない効果を持つけれども器質性疾患には絶対に影響しない、ある種の気《き》を発するということだよ。

「ぼく自身も、ほんのけさのことだが、うまくいかなくていたましい結果となった例を見たばかりなんだ」とレラックは続けた――「医学検査所[*25]でボワサリー博士と話していると、十歳くらいのかわいらしい、顔色のよくない男の子の手を引いた、医者のような感じの人が入ってきた。名の知れた医師だったが、巡礼でルルドへ来たけれど今晩帰ると言う。われわれのほうは、明らかに見て取れる彼の落胆ぶりにいくらか戸惑った。子供を横にさせた彼は、ズボンの裾をまくりあげた。膝の上部で、静脈の網状組織で白い皮膚が青くなっている。そこに手を置いてみると、骨のうえの腫れものが鉄のように硬くなっているのがわかった。もう説明は要らない。骨ガンの明らかな症例だ。見たところとても悪性と思えないが、実は致命的なんだ。手術をしてもしなくても、子供の命は一年ともたないだろう。

「《私の息子です》と父親が小声で言った。《むろん腫瘍は悪性で、おそろしい速さで広がっています。私は信仰を持っていませんでした。でも悲嘆のあまり気もそぞろで、回心し、熱心なカトリック信者になりました、息子のいない人生は考えられませんから。このルルドで三日間、私は祈り、泣きつづけていました。けれども、聖母は私の祈りをお聞き届けになりません。もう希望を失いました。脚を切断してもらって、それから息子の死ぬのを見届けるつもりです》

「ご覧のとおり」とレラックは締めくくった。「ルルドは、器質性疾患には無力ということだ」

「それにしても」とA・Bは言う。「同じような重症がいくつも治った例があったことは保証するよ。アンリ・ラセール[26]が書いたLの鉱夫のことがある。十八歳のときから脚の静脈瘤と潰瘍を患っていた男だ。ルルドの水で湿布をしたら、一晩で治った。また、脚に十二インチほどもあるむきだしの裂傷があってベルギーからはるばるやって来たJ・Dという女性もいる。水浴場に入った彼女が出てくると、傷はなくなっていた。残っていたのはバラ色の傷跡だけだった。

「それにピエール・ド・リュダー(『ルルドの洞窟《ほら》』二一五ページに出てくる「ペトロ・ドルデル」)のことはどうなる？ ゾラが述べたグリヴォットの女[27]は？ 二人とも、まちがいなく神経衰弱なんかじゃない。でも治った。ピエール・ド・リュダーは八年のあいだ癒着しなかった脚の骨折が、五分間で治ったんだ」

「それ式の話はすべて知っているさ。アンリ・ラセール、ディダリ、ボワサリー、そしてゾラの書いたものはすべて、長時間をかけて読んだし、考えてもみた。それでもなお、疑いは残る。彼らの仕事は科学的ではない。大衆迎合というか、布教宣伝というか、さもなければフィクションか――むろんうまく書けているし、またきわめて興味深いけれども、所詮は本物じゃない。

「ピエール・ド・リュダーの症状が信じられないことははっきりしている」とレラックは続けた――「生物学の法則をすべてくつがえす、夢のような話だ。木から落ちて脛骨を折った男がいた。骨は癒着せず、折れた両端が化膿した傷口から見えていた。その足を持って、向きを逆にすることもできそうだった。

「ボワサリーが公表したものによると、この男は自分の礼拝用にルルドの洞窟の小さな模型を持っていたが、ある日、妻とともにルルドの聖母マリアに祈りを捧げたあと、あっさりと起きあがって歩き始めた。完全に治っていたのだ。いうまでもなく、彼の話が正真正銘の事実なら、それは典型的な奇跡――神ご自身の署名があるような――で、信者でなくても受け入れざるをえないものだ。

「しかし、」とレラックは続けた。

「その手のことには徹底的に疑いの目で接する義務がある。騙されることにも、思い違いをすることにも気をつけねばならない。重要なのは、奇跡が起こる前に適切な資格のある医師が患者を診察したかを確かめることだ。けさきみが治ったのを見た修道女のように、患者が、暗示の影響だけで消えてしまうような、いくつかのうわべだけの症候を示すことはよくある。多くの人々、そしてほとんどの女性の場合、神経系統そのものが器質性疾患の症状を悪化させる。たとえば目のちょっとした機能障害がヒステリー性の眼瞼痙攣《がんけんけいれん》じゃなくて、治療不能のまぶたの収縮のように受けとられかねないのだ。

「巡礼旅行のあいだの感動がもっとも高まる瞬間に、病気の純粋に神経性の症状はなくなり、患者は著しい改善を見せる。とたんに、奇跡だとお触れが出る！　あるときの大巡礼団に、慢性疾患で見るからにやつれ、消耗した患者がいたが、自分のそばを聖体が運ばれてゆくのを見て突然自力で起きあがり、治ったと叫ぶと、すでに死相が現われているにもかかわらず独力で何歩かを歩いた。群衆は歓呼して奇跡を迎えた。周囲の喝采のなかで一瞬、彼は直立を保った。そして倒れたのを見ると、すでに死んでいた。わかったろう？」とレラックはA・Bに言った――「暗示と、神経の過剰刺激の作用する力がどういうものか」

「でもやっぱり、」とA・Bは答えた。

「もう一度言うけれど、腫瘍のような本物の器質性疾患が消えることがあると断言するよ。それをきみが信じられないのは、奇跡なんてありえないという確信があるからだ。しかし、自然の法則を一時停止することももっぱら神の力のなかにあるのじゃないかね。法則を創ったのも神ご自身だから」

「もちろん、神が存在するなら、奇跡は起こりうる。だが存在するだろうか、客観的に。

聖母はわれわれ自身の心のなか以外のところに存在するか？　どうしたらぼくにそれがわかる？　奇跡があり得ないと思うのは、ありうると思うのとちょうど同じほどむずかしい。実証派の哲学者でこの問題をこういった言葉で語った人はいなかったはずだ。言い得たのは、これまで奇跡が科学的に観察された事実はない、ということだけだろう。

「エルナン氏が権威を持つ科学的思考派は」とレラックは続けた――「あいにく、ぼくの同僚のかなりな数がそれに属する、と言わねばならないが、奇跡などはばかげたことで、存在しない、と言うにちがいない。

「科学的精神の持ち主にとって奇跡は荒唐無稽だ。しかし、過誤のまったく起こりえない状況でその存在が実見されれば、事実として認めねばならない。どんな議論も実在する事実を打ち負かすことはできないからね。たったひとつの事実でも、科学上の、哲学上の、あるいは宗教上の全体系をくつがえす、頑強で変形できない力を持っているものだ。けれど、組織的な観察の技術を放棄すれば、そのとたんに不確実と過誤の霧のなかで道を迷うことになってしまう」

「どんなたぐいの病気が治るのを見れば」とA・Bは訊ねた――「きみは奇跡の存在を信ずるというのかね？」

レラックの答えはこうだった。

「器質的疾患の治癒を確認するには、切断した脚が元に戻るとか、ガンが消滅したとか、生まれつきの脱臼が突然よくなったとかを見たいな。そのようなことを科学的に観察できれば、それはわれわれがいま容認しているあらゆる法則の破綻を意味するわけだし、さらになにか超自然的な力が作用していると認めざるをえなくなる。

「これらすべてが、きわめて微妙な問題なんだよ。というのは、自然の法則についてわれわれはまだほとんど何も知らないし、雲のなかで雷が鳴る音が聞こえると、原始人のように、神の怒りの現われだと思うような危険にいつもさらされているのだから。ヒステリー性麻痺や神経衰弱性関節炎といった疾患は、長いあいだ不治のものとされてきた。でも現在では即座に治せることがわかっている。それに、症状がなくなるには完全に説明できる理由があることも、シャルコー[*28]が明らかにしている。

「ひとつの熱烈な意志で結ばれた何千という人から発せられる力は過小評価できない、ということは繰り返しておきたいね。われわれはみな、その種のことを一度ならず経験している。それ自体に、治癒効果があるのだろうな。

「だが、この力が器質性疾患には効かないことも確かだね。ピエール・ド・リュダーが治ったというのが本物だったなら、科学者によってそれが組織的に観察されていたなら、超自然的ということ以外に説明できるとは思えない。しかし、このようなことは実際に見るまでは信じられないな」

「脚を切断したあとに新しいのが生えてきたときにきみがいたら、さぞかし悩むだろうな。きみの説は全部くつがえるのだから」とA・Bは言う。

「万一、そのような異常な現象を目にすることがあれば、世界中のありとあらゆる学説も仮説もよろこんで見捨てるよ。けれど、まずそんな心配は必要ない。ぼくがここへ来たただひとつの理由は、できるかぎりの正確さで見たものを記録することだ。ぼくの患者のところへ、水浴に行く前と行った後に訪ねてみるつもりだ。症状になにか変化があれば検証する。すべて記録しているからね。

「ぼくはひたすら客観的でありたい」と彼は続けて言った。

「そしてきみに断言するが、傷がひとつでもふさがって、治るのを実際にこの目で見ることがあれば、熱烈な信者になるか、気がおかしくなるかのどちらかだ。ただ、そういうことはありえないだろう、いままでに器質性疾患の患者はわずかな例を調べる機会があっただけだから。ぼくが見た患者四人はおおいに興味あるものなのだ。しかし、ぼくが時間をかけて調べたのは主として神経性麻痺と外傷性ヒステリーだった——こういう例は、よくなっていると期待できる。ある重症の女性は心臓疾患が進行し、呼吸が相当に切迫していた。彼女にはジギタリス[*29]を飲ませた。そして注意深く診察もした。心臓に組織障害があり、ヒステリー症状のために悪化しているようだが、回復すると思う。治癒が容易か、少なくとも改善の可能性がある、この種の患者が数名いる」

「けさ、ぼくが洞窟へ車で運んでいったキリストのような顔をしたあの若い男はどうなんだ？」とA・Bは訊ねた。

「あれはひどい。直腸と肛門にガンがある。大きな腫瘍だ。数か月前に手術をして、排泄用に人工肛門を作ったのだが、ガンが塞いでしまった。腫瘍は腹と骨盤にまで広がって、神経を圧迫している。数週間はもつかもしれないが、激痛のなかで死ぬことになるだろう。

「頬に拳ふたつ分の腫瘍ができた、あのL・Pという十五歳の少年を見たことがあるだろう？ 片方の目が変色して、眼窩から飛び出ている。口からは血の混じった、きたないものが出っぱなしだ。上顎にガンがある。彼も長くはない。

「ところが、この時点でほかのだれよりも先に亡くなりそうな患者がいる」とレラックは言う。

「ぼくもすでに何度か枕もとまで呼ばれたことがある女性で、マリ・フェランという名前だった。[*30]

「このかわいそうな娘は結核性腹膜炎の末期にある。彼女の過去はわかっている。家族全員が結核で死亡しているのだ。彼女にも結核性の痛みと肺の組織障害があり、ここ数か月は開業医とボルドーの著名な外科医、ブロミルーの両方が同じように診断した腹膜炎を併発している。症状はきわめて重篤だ。来るときの車中でもモルヒネを打たねばならなかった。ぼくの目の前で、いつ息を引き取ってもおかしくない。もし彼女のような患者がよくなるなら、まさに奇跡だ。そうなると金輪際、疑いはしない。そして、ぼくは坊さん《モンク》になるよ！」

「気をつけなよ！　早まってはいけない！」Ａ・Ｂは笑って言った。

「ルルドでは、自然のあらゆる法則がいつもさかさまになる。ぼくは確信するのだが、きみが話した娘も治るかもしれないし、ガンの患者もそうだし、あの気味のわるい、脊椎湾曲で両脚が二つ折れになった少年だってそうだ。ついでにいうと、彼のような場合は特別だ。そろそろ十八歳だが、体の大きさは子供ほどしかない。ポット氏病[*31]に罹っていて、両脚が収縮して折れ曲がり、腹にまで届いている。ポット氏病の患者は何人か知っているけれど、あれほど強烈で、顕著な障害など、見たことがない。もっとも気の毒なのは、あの哀れな若者が正常な知能の持主ということだね。聖母が癒してくださると信じているのだから。

「こういった人たちのゆるぎない信仰を見ていると、驚かされるよ」とＡ・Ｂは続けた

——「彼らのすべてが治ることを期待して、あの長い、苦しい旅にもめげずに、全員が冷静で満足しているように見えるのだ。ところで、もう一時だ。行かなくては」

「二時に、もう一度マリ・フェランを見に行くことになっている」とレラックは言った

——「具合がだんだんとわるくなっている。生きて帰宅できれば、それ自体が奇跡だろう。一緒に来て、見てやってくれないかな」

二人はカフェを出て、〈七つの御悲しみの聖母〉病院のほうへゆっくりと歩いて行った。

〈無原罪の御宿り〉[*32]という大部屋が、いちばん重症の患者に充てられていた。病院の一階にある、薄暗くて静かな、広い部屋だった。多数の小さな枠にはまった、高いところだが四角に切られた窓は回廊に面している。燃え立つ戸外から射しこんでくるのは、灰色の、気のめいるようなほの暗い光だけだった。

病室の空気には害虫駆除剤のいやな臭いが籠っていた。こげ茶色の毛布に被われた二〇台ばかりのベッドが漆喰《しっくい》を塗った壁に沿って並んでいる。患者は、椅子に腰かけている人もあれば、ちゃんと服を着てベッドに横たわっている人もいた。水浴場に連れて行ってもらうのを待っているところなのだ。レラックは、黙ってそのそばを通りすぎた。

ルルドにおける医師の仕事はごく簡単なものだ。彼に期待されていることがほとんどないためだ。務めを担っているのは聖母である。聖母ご自身がそこにおられるのは、苦痛を取り除き、腫瘍の縮小や病者の平癒をもたらすためではないだろうか？　たしかに、当直の医師が常駐する決まりになってはいる。だが、モルヒネやエーテルの注射が必要になったときに最後の手段として呼ばれるだけだった。

レラックは、マリ・フェランの枕もとへ行った。女子修道院長が、車中で話した若い娘、マドモワゼル・ド・Oとともにそこに立っていた。彼女はすぐに、その美しい、不安そうな顔をレラックに向けて、言った。

「先生、まだかまだかとお待ちしておりました。これまでにないほど具合がわるいのです。どうしたらいいのでしょう。もうほとんど物も言えません。危篤状況ではないでしょうか」

レラックはベッドにかがみこんで、マリ・フェランをじっと見た。彼女は仰向けに横たわり、身動きもしない。白い、やつれ果てた面持ちの頭を枕のうえに反らせている。

「調子はいかがです？」とやさしく訊ねてみた。

ぼんやりした、黒い隈ができた両目を彼のほうに向けた彼女は、灰色の唇を動かすと何か返事をしたが、聞きとれなかった。

レラックは彼女の手を取り、手首に指先を当てた。脈拍は非常な速さで、一分間に一五〇を数え、不規則だった。心臓の力が尽きかけていたのだ。

「プラヴァッツ注射器をください。カフェインを打ちますから」と彼は看護婦に言った。

看護婦はベッドの上掛けをめくり、毛布と、患部に吊るしたゴムの氷嚢《ひょうのう》を支えている架台《クレードル》を取り外した。

マリ・フェランのやつれた体がふたたびあらわになった。腹部の膨満は以前と同じだった。膨張はほぼ均一だが、左側のほうがやや目立つ。彼は両手をしずかに腹のなめらかな表面にすべらせて、軽く触診してみた。硬い塊はまだそこにあった。中央の、へその下にはそれでもなおお腹水があるのを感じた。

レラックは、ルルドへ連れてくるよりもへその上方を小さく二インチほど切開したほうがよかったのではないかと、また思った。

修道女からプラヴァッツ注射器を受け取った彼は、こんどは針をアルコールの炎に当ててから患者のやせ衰えた大腿部に注射した。カフェインが入ってゆくと、マリ・フェランは不意に顔をしかめた。

レラックは膝までむくんだ両脚を触診した。鼻と、朝から冷たくなっている両手に触れてみて、耳と、緑がかった色を見せている爪も注意深く調べた。

そして、すこし離れて立っていたA・Bのほうに向き直った。彼がこの病苦のありさまに動揺していることは明らかだった。

「君に言ったとおりだ」とレラックは言った。「結核性腹膜炎の末期だ。腹水はほとんど全部なくなっている。両側に硬いしこりがあるのがわかる。患者の両親がともに結核で死亡したことは君にも話した。まだ十七歳のときに、彼女は喀血している。十八歳で結核性胸膜炎に罹った。左肺から抜き取った胸水は半ガロンを超えた。肺に病変があったのだ。そしていま、過去八か月というものはこの結核性腹膜炎にかかっていることに疑う余地はない。ほとんど完全に、消耗し切っている。脈拍の速さはものすごい。あの痩せぶりを見てご覧。顔と両手の色を見てご覧。あと二、三日はもつかもしれないが、先は見えている。瀕死の状況だ」

そこを離れようとしたレラックを、マドモワゼル・ド・Oが引き留めて言った。

「先生、マリ・フェランさんを水浴場にお連れしてもいいでしょうか？」

レラックはあきれた様子で相手を見つめた。

「途中で亡くなったらどうします？」

「水浴の決心が固いのです。そのためにはるばるやって来たのですから」

ちょうどこのとき、J博士が病室に入って来た。ボルドー郊外のある町の開業医で、自分の患者に付き添ってきたのだ。レラックは、マリ・フェランを水浴場に連れてゆくことについて意見を訊いてみた。

もう一度、掛け布を取り、架台《クレードル》と氷嚢を外した。病む娘のうえに身をかがめたJは、敏感そうな、色が染みついた指で彼女の腹を触診し、耳を注意深くそこに当てた。そして低い声で言った。

「臨終まぎわですね。洞窟で亡くなってもおかしくはありません」

「おわかりでしょう、マドモワゼル、水浴場に連れてゆくのは無分別だということが。でも、ここでは私に権限はありません。許可を出すことも拒否することもできないのです」

「この娘さんは失うものがありません」こう言ったのは女子修道院長だった——「亡くなるのが今日でも明日でも、あまり違いはないのではないでしょうか。洞窟へ連れて行ってもらうという最高の仕合せを味わわせないのは無慈悲というものじゃありませんか、あそこまでもつかどうかもあやしいのでは、と私は思いますけれど。では、二、三分のうちに運んでゆくことにしましょう」

「いずれにせよ、私自身も水浴場に参ります。もし彼女が昏睡状態になったら、呼んでください」とレラックは言った。

エーテルの壜とプラヴァッツ注射器をポケットに入れると、彼はJとA・Bとともに病棟を出た。

「きっと亡くなりますよ」とJは繰り返した。

「一緒に来られたらいかがです」とレラックは訊いた。

「みんなでマリ・フェランと水浴場まで行けるのですから。《死者の復活という信じがたい奇跡》を試すことになります。ひょっとすると、それが起こるのを見ることになるかもしれません。もし奇跡が生まれたら、まわりの人々の反応も見ものでしょう」

しかし、A・Bには、彼は小さな声でこう付け加えた——「本物のテストだ。あの娘が治ったら、ぼくはどんなことだって受け入れるよ」

白く輝く、高い尖塔をもつ聖堂《バシリカ》に通じる、一対の傾斜路《ランプ》の大きな弧に囲まれたロザリオ広場は、燦然と日光を浴びていた。二時近かった。何人かの巡礼がちらほらと欄干にもたれて、下を見下ろしている。彼らの上に、真っ青な空を背景にそびえ立つ細長い、繊細な形の大教会は、祈りの湧き出る泉のようだ。レラックはまっすぐに水浴場に向かい、Jがあとを追った。下で渦巻いて流れている川の岸に長い影を落とす小高い道を越えた。木陰に入ると、空気が涼しい。そよ風が心地よい香りを運んでくる。患者はまだ着いていなかった。冷たい水がほとばしる川に面して大きなプラタナスの木に囲まれた青色の建物がいくつもあって、そこで病人は水浴する。患者の担架や手押し車を置くために半円形の場所があり、大勢の巡礼とは鉄柵で隔てられていた。柵と川のあいだの空き地は、巡礼でいっぱいだった。

入っていったレラックは、女性用の水浴場の扉のわきにあるベンチに腰を下ろした。軽い風が、プラタナスの黒っぽい葉を振るわせた。木漏れ日が地面の舗装に揺らいでいる。くすんだ色の葉陰から、川の対岸のむこうに広がる畑や、白壁をめぐらせた農地が点在する低い丘陵の連なりや、ところどころに薄雲が散る黒いほど青い空が見えた。はるかかなたからは、小さな鐘の銀鈴を振るような音が聞こえる。近くのどこかで、セミが甲高い声を張り上げていた。

あたりは、爽快と、至福と、平安に満ちていた。身に沁み入る静けさが、レラックの心からプロとしての気苦労を拭い去り、習い性となっていた緊張状態を和らげた。非常に多くの恐怖がひとつに集まり、そして言葉にならないほど穏やかな光のなかであらわになる、このルルドという地のふしぎな魅力を、彼はこころよく吸収した。

まもなく沐浴の時刻になれば、彼の周囲にある美しさは、さまざまな傷、腫瘍、癒やしを願ってありのままに人前にさらされたおぞましい苦難のすべての、目を覆いたくなる人としてのみじめさのなかへ溶融してゆくことだろう。

巡礼の一団が現われた。A・Bは、もう一人のボランティアとともに担架を運んでいた。その上に横になっているのが、マリ・フェランだった。

彼女は仰向けに横たわっていたが、膨張した腹部に山のように盛り上がっているこげ茶色の毛布の下で、すっかり萎縮してしまっていた。呼吸は速く、短い。死相の現われた顔に、マドモワゼル・ド・Oが白いパラソルを差しかけている。このように悲惨な情景も、病院でならどこへ行ってもありふれたものだが、ひとつひとつの細部が鮮明に刻みこまれる戸外では目をそむけたくなる印象を与えるのだった。

水浴場に行く前に、運び手の二人は少しのあいだ担架を下ろして地上に置いた。病む娘は意識を失っているようだった。レラックは彼女の手首に触れてみた。脈拍はかつてない速さで、顔は土気色だった。緑色の蠅が一匹、彼女の鼻孔に留まっていた。それをマドモワゼル・ド・Oが自分のハンカチで追い払った。

レラックはプラヴァッツ注射器とエーテルの壜をベンチの自分の横に置いて、待機していた。

彼は思った——人の生が終わるその瞬間を正確に予測するのはいかに不可能なことか！　この若い娘が死に瀕していることは明らかだった。ところが彼にはそれが一時間以内に起こるのか、三、四日以内なのかもわからなかった。そして、彼女が水浴中に亡くなった場合、巡礼たちにどう影響するのだろうか、と思った。そうなると、彼らは奇跡をどのように考えるだろうか？

教会の時計が二時を打った。担架運びが曳く小さな台車の群れがいくつも近づき、そのあとに多くなる一方の巡礼が続いた。

顔を厚い、黒のベールで覆った、気品を感じさせる女性がベンチのレラックの横に腰を下ろした。クレープを通して、深紅色の病斑が見える。レラックは、ベールのなかに、皮膚結核のいまわしい蝶形紅斑《ちょうけいこうはん》*33で赤肌にただれ、鼻の欠けた、死体のような顔面を想像することができた。つぎに来たのは喪服を着た若い男で、薄灰色の手袋をはめ、顔の青白い、甲状腺腫がひどく突出した人が座っている小さな車を押していた。そのすぐ向こうにいるのは右半身が麻痺した若い女性で、彼女の隣はレラックが車中で目撃したあの女性だった。口から異様に長い舌を出してよだれを垂らしながら、うなり声をあげ、頭を絶えずぐらぐらさせていた。手押し車は、引きも切らずにやってきた。

それまで、レラックは病苦に悩む人の様子や声に同情を感じていたのだが、いま、こういった悲惨な人たちを前にして彼らの顔に現われた不動の信仰を目にしていると、ふしぎな、あらたな感動を覚えた。

彼自身は若くて血気に満ちていた。病者のほうも若かったが、人並みの人生から切り離され、自由を味わう希望を失い、いつまでも決まったところに閉じ込められて、愛のもたらす情感の高まりも喜びも永久に許されていない。きのどくなマリ・フェランもここにいるのだが、彼女も生涯のほとんどを病院の結核病棟でほそぼそと暮らしたあげく、およそ人生を生きた実感をもつこともないまま、いま死の際にある。

しかし、病に苦しむほかの多くの患者と同じように、マリ・フェランも実際は見た目ほどには不幸ではない。彼女の心と希望のすべてをキリストにゆだねているためだ。

レラックは自分に言い聞かせた——信者の死というものは安らかな死だ、聖母とキリストの御前《みまえ》に召されることを意味するのだから。春の緑に被われたユデアの山で、静かな身ぶりで立ち上がったイエスが山上の説教[*34]のあの言葉を口にしたときは、なんというふしぎな魅惑に満ちていたことだろう！　苦しむものすべてに、イエスは永遠の慰めを与えられたのだ。ああ、それを信じられるほうがどれだけ賢明なことか！　そして、すべての人に加護を与え、悩みを思いやる聖母ご自身のお姿はなんと限りなくやさしいことか！

ある願望にレラックは圧倒された——一緒にいるこの不幸な人たちとともに、聖母マリアはただ人間の頭脳が考え出したにしては絶妙のきわみというだけではないと信じたい、と。いま、レラックは祈りをささげていた。すでに堪えがたい苦しみを味わったマリ・フェランのために祈っていた。聖母マリアに、彼女の生命と、そして彼自身の信仰を取り戻せるように頼んでいたのだ。

レラックの気持の高揚は長くは続かなかった。彼は自分を追いたてて組織的な科学的調査という安全な道に戻り、あくまでも客観的であらねばと決心した。マリ・フェランが不治の状況にあることも、末期の結核性腹膜炎からの回復はありえないことも知っていた。しかし、レラックは先入見を排し、自分で観察できるかもしれない現象があるならどんなものでも証拠として受け入れるつもりだった。

患者はなおも囲いに押し寄せてくる。向こう側には、男の患者が見えた。キリストのような顔をしたあの若い男は担架に横になっていたが、その目は、頰のこけた、黄色い顔にあって歓喜と希望に輝いていた。ポット氏病で脊椎が湾曲した男は、小さな車で二つ折れになったまま、ロザリオの祈りを唱えるのに余念がない。上あごのガンの少年、J・Dは顔を上げて、おそろしく曲がった口で声高に祈りをささげていた。

そのころには、病棟の患者はすべて到着して、地面に横たわっていた。全員がきわめて穏やかな様子だった。司式者を自認するS・Mは、黒いビロードのベレー帽の下の顔を汗まみれにしてせかせかとやってくると、配下のボランティアに命じて担架の列をまっすぐに揃えさせた。ついで若い神父が彼にとって代わり、担架の前に立った。厳粛な連禱の時刻だった。ベンチの向こうでは、血の気のない顔と無帽の頭の密集が波打って川岸まで続いている。前を運ばれてゆくマリ・フェランが見えたので、レラックは急いでそばへ行ってみた。容態に変わりはない。死人のような真っ青な顔色は前のままで、毛布の下で萎縮した姿態にはこれまでと同じ腹部の膨張があったが、目立ってはいないようだった。

「聖水をすこしお腹に注ぐことができただけでした」とマドモワゼル・ド・Oが言った。「体ごと水にひたすことまではしてもらえなかったのです。これから、マサビエルの洞窟《グロットー》までまいります」

「すぐに落ち合います。容態に変化はないようです。用があれば呼んでください」とレラックは言った。

彼は囲いへ戻った。神父は、患者の列とその先の群衆に向かって跪いていた。そして挙げた両手を、十字を描くように伸ばした。若い人で、肉づきのいい白い顔には汗が流れ、そばかすだらけだった。彼が滑稽な感じを受けずに済んでいたのは、目元に残る子供っぽいところと、信仰の強さが見て取れることだけのおかげである。その声は騒々しく、真情がこもっていて、そして情熱的だったから、聖母も彼の言葉には耳を傾けてくださるにちがいないと言いたいほどだった。

「聖母よ、われらの病者を癒やしたまえ！」と彼が叫ぶと、その子供のような口が感動でねじれた。

「聖母よ、われらの病者を癒やしたまえ！」群衆は、波濤のうねりのような叫びで応える。

「聖母よ」と神父は抑揚をつけて言った——「われらの祈りを聞き入れたまえ！」

「イエスよ、われらは御身を愛したてまつる！」

「イエスよ、われらは御身を愛したてまつる！」

群衆の声が雷鳴のようにとどろく。あちこちで、人々は両手を挙げる。病人も担架の上で半身を起こした。あたりの雰囲気は期待で張りつめた。

そのとき、神父は立ち上がって言った。

「兄弟たちよ、腕を挙げて祈りましょう！」

無数の腕が挙がった。風のようなものが、人の群れを突き抜けたようだ。触知できず、音もたてず、強力で、抗しがたいまま、山の嵐さながらに人々を吹き掃《はら》った。レラックはその衝撃を感じた。うまく言い表せなかったが、のどに取りつき、背骨を震えさせた。思いもかけず、彼は泣きたくなった。

強壮な男ですら夢中になるなら、病み、苦しんで衰弱のきわみにある人々への効果はどれほどのものだろうか。気になったレラックは、患者、とくに神経衰弱患者の顔を調べた。こういった神経性の病人が担架から起き上がり、喜びにあふれて病気が治ったと告げるのが見られるかと期待した。だがだれも動きはしなかった。

彼は小さな手押し車の列を通り過ぎ、群衆をかき分けて、洞窟へ向かった。流れのほとりで一時立ち止まり、人の群れを観察した。前の日に出会った、ボルドーの若い医学研修生《インターン》、M氏が彼に挨拶した。

「だれか治りましたか？」とレラックは訊ねた。

「いいえ」とMは答えた。「数人のヒステリー患者がよくなりましたが、予想外のことはありません。病院でどんな日にも起こらないようなことは一切ありません」

「一緒に行って、私の患者をご覧になりませんか。彼女の場合は異例のことではないのですが、もう臨終だと思います。いま洞窟へ行っております」とレラックは言った。

「その人は数分前に見たばかりです。あんな人をルルドまで来させるなんて、まったくかわいそうなことをしたものです。手術をするべきでした。洞窟へ連れて行ったところで役に立つとは思えません」

二時半ごろだった。マサビエルの岩塊の下で、洞窟は無数のろうそくの光に照らされていた。入口にも壁にも、ロザリオと松葉杖が掛かっている。高い鉄格子のむこうの、岩のくぼみには聖母像が立っていた。そこが、かつてベルナデットが光輝く白衣の女性、「無原罪の御宿り」の姿を見たところだった。

聖母像の前は、柵をめぐらせた広い方形のスペースになっている。病者のための特別の場所としてとってあるのだ。〈救いの聖母〉[*35]のボランティアの当番が、手押し車や担架が込み入って混乱が起こるのを防いでいた。

鉄格子の前でほとんどそれに触れるところに、担架が一台、横たえてあった。そのそばにいるマドモワゼル・ド・Oのほっそりとした姿が、レラックの目に入った。彼とMは、病人と巡礼を近くで見ることができる洞窟のほうへ行ってみた。マリ・フェランの担架のそばで立ち止まった二人は、低い壁に寄り掛かった。彼女は動かず、呼吸はあいかわらず速くて浅い。死の間際と思われた。さらに大勢の巡礼が洞窟へやってくる。あの黒いベールをかけた女性はマリ・フェランの担架に近い最前列に出ていた。ベールを持ちあげたので、レラックはおぞましい損傷を受けた彼女の顔を初めて目にすることになった。マドモワゼル・ド・Oがしとやかに跪いた。レラックは彼女の形のいい横顔と、長いまつげがつくる優美な影に見入った。彼女は祈りに没入していた。まちがいなく、奇跡の起こることを祈っていたのだ。

ボランティアと担架運びが押し寄せてきた。小さな手押し車は水浴場から洞窟に移ってゆく。よだれを垂らしているあの娘と大きな甲状腺腫のできた不仕合せ者も、マリ・フェランの隣に曳かれてきた。勲章の示すとおりの自尊心で胸が膨れ上がったS・Mは、行動力とうぬぼれの塊になって、患者のなかをかけずりまわっていた。

もう一度、レラックはマリ・フェランをちらと見た。その瞬間、目を見張った。なにかがちがうように思われた。顔の黒ずんだ調子がなくなり、肌の死人のような色も薄らいでいる。

幻覚にちがいない、と彼は思った。だが心理学的には幻覚自体が興味ある問題で、記録するに値するかもしれない。手早く、時刻をノートにメモした。二時四十分だった。ただ、マリ・フェランの変化が幻覚だったにせよ、それはレラックにとっては初めての経験である。Mに向かって、彼は言った。

「患者をもう一度見てくれないか。すこし持ち直したように見えはしないか？」

「ほぼ同じと思います。わるくはなっていないというだけです」

担架にかがみこんだレラックは、また彼女の脈を取り、息づかいに耳を澄ませた。

「呼吸は前より緩慢になっている」としばらくしてMに告げた。

「死にかけている、ということかもしれません」とMが言う。

信者でない若いインターンには、この変化が超自然的なものとはまったく思えないのだった。

レラックは答えなかった。彼の見るところ、彼女の病状全般がにわかによくなったことは明らかだった。何かが起こりつつあるのだ。彼は身構えて、感動で身ぶるいするのを抑えようとした。担架のわきの低い壁を背にして立ったまま、マリ・フェランに彼の観察力のすべてを集中した。目を、彼女の顔から逸らせなかった。ある神父が、集まった巡礼たち、患者たちに説教をしていた。ときどき、噴出するような聖歌と祈りの声が起こる。そして、この熱気のなかにあって、レラックの冷静な、客観的な凝視のもとでマリ・フェランの顔はゆっくりと変わり続けた。光のなかった目は、洞窟のほうへ視線を向けているうちに恍惚《こうこつ》としたまなざしで大きく開かれていた。その変化は否定のしようもない。マドモワゼル・ド・Oは体をかがめて、彼女をかき抱いた。

不意に、レラックは自分の顔から血の気が引くのを感じた。マリ・フェランの膨張した腹部を覆っていた毛布がしだいに平たくなってゆくのだ。

「あの腹を見ろ！」とMに叫んだ。

目を向けたMは、こう言った。

「なるほど。ぺしゃんこになったみたいですね。あのように見えるのは毛布の襞《ひだ》のせいじゃないでしょうか」

聖堂《バシリカ》の鐘が三時を打ったところだった。数分経つと、マリ・フェランの腹部の膨満は跡かたもなくなっていた。

レラックは頭がおかしくなりそうだった。

マリ・フェランの傍らに立ったまま、彼はうっとりとして彼女の吸いこむ息とのどの鼓動を見つめた。心拍はまだ非常に急速とはいうものの、規則正しくなっていた。

今回は、確実に何かが起こりつつあった。

「気分はいかがです」と彼は訊ねた。

「ずいぶんよくなったように思います」と彼女は小声で答えた——「まだ元気は出ませんが、治ったような気がします」

もはや、疑いはない。マリ・フェランの容態はまるで別人のように改善していたのだ。

レラックは深く頭を悩ませながら担架のそばに突っ立ち、自分の目で確かめたものを分析できないまま、Mとマドモワゼル・ド・Oを見やって、二人もこの途方もない変化に気づいていたかを知ろうした。マドモワゼル・ド・Oはまるで折れた骨の癒着を注視する医師のように落ち着いて眺めていた。以前にも同様のことを何度か見たことがあったのだ。

レラックは無言のまま立ち尽くした。頭のなかは真っ白だった。彼が思っていたこととは正反対のこの出来ごとは、夢以外の何物でもなかった。

マドモワゼル・ド・Oがマリ・フェランに勧めたコップ一杯のミルクを、彼女は飲み干した。数分のうちに、彼女は頭を挙げ、まわりを見まわし、すこし手足を動かせ、寝返って横向きになった。その間、痛みは何ひとつ見せなかった。

だしぬけだったが、レラックはその場を離れた。大きな声で唱える祈りもほとんど耳に入らないまま巡礼の群れを縫って進み、洞窟を後にした。四時ごろになっていた。

死にかかっていた娘が、回復しつつあるのだ。

死者の復活であり、奇跡だった!

まだ、彼女の診察はしていない。病変の客観的な状態はわかっていなかった。しかし、それ自体が奇跡である機能的改善があったことをこの目で見てしまった。なんと単純で、なんと内輪だけのことだったろう! 洞窟の群衆は、それが起こったことすら気づいていないのだ。

レラックはロザリオ広場へ戻った。

医学検査所は大階段[*36]のアーチの下にあり、〈救いの聖母奉仕団〉の詰所の隣だった。レラックが着いたとき、玄関口にボワサリー博士が立っていた。即刻、彼は起こったことを話した。ボワサリーは驚いたそぶりも見せなかった。

ルルドの診療所長はがっしりした体格で大きな、つやのある顔をした、背の低い年配の人である。黒い、突き出た眉毛がやや厚ぼったいまぶたに張り出しているが、その光のない目は、思いがけないひらめきをうまく現わすときがあった。レラックはボワサリーの著作をいくつか読んでいた。そしてこの医師が身につけている学術上の水準の厳格さは十分とは思えなかったが、その性格と知力には最高の敬意を払っていた。それだけではない。レラックがルルドに来たとき、ボワサリーはあたたかく彼を迎えて、飽きもせず善意をもってあらゆる質問に答えてくれた。個人的な野心などとはおよそ無関係に、あくまでも信念から、ボワサリーはおのずとルルドの擁護者になっていた。経験豊富な医師として、ルルドの驚嘆すべき治癒例について刊行した何点かの著作には、誠実そのものがあふれている。彼は、誠意のこもった意図と犠牲的精神によって人の称賛の的だった。

レラックがマリ・フェランのことを話しているあいだ、彼は身じろぎもせずに立っていた。レラックは患者の病変が治癒したと主張したわけではない。彼の報告は機能的に驚くべき改善が見られたというに尽きた。けれども話し終わると、ボワサリーはあっさりとこう言った。

「あなたの患者は治った、少なくとも治ったことは確実以上と思われます。あす、私の診療所に来てもらってください」

「病院に戻りしだい、注意深く診察するつもりです。病変が現実に治っていたら、なんとすばらしいことでしょう！」とレラックが言うと、ボワサリーは答えた。

「きのう、お話ししたように、ルルドのこの説明のつかない、ふしぎな力はガン、腫瘍、結核を治します。それを見てきたし、認めないわけにはいきません。結核性腹膜炎が消えたのも、これが初めてではないのです。事務所ではその記録もいくつか保管していますす。肺と腹膜の結核で死の直前までいって、ここへやって来た修道士、サルヴァトーレ師の例もあります。あの場合は五分間で治りました。それに、去年のこの季節にリヨンから来た巡礼団にはマドモワゼル・Dという若い娘がいて、進行した腹膜炎でしたが、これまたほとんどあっという間に治っています」

レラックはホテルに戻ったが、何が起こったのかを自分で正確に見極めるまで、どんな結論も出すまいと決心していた。それにしても、この旅が実を結び、またこの種のことが現に起こったときにルルドにいたという好運に恵まれたと思うと、深い仕合せな思いが身内に湧き起こった。

ところが、結論は出すまいと決心したレラックだったが、マリ・フェランの病状を思い返すと、絶対にまちがえるはずのない彼女のような症候を誤診することなどありえないと考えざるをえなかった。マリ・フェランが疑似腹膜炎に罹ったことはない。病気は器質性のものだった。そのうえで、彼はボワサリー博士とその確言を共にすることはできなかった。気がかりは頂点に達した。七時半だったが、知らねばという思いで凝り固まり、燃えあがった彼は、病院へ向かった。

日は丘陵のむこうに沈んでいた。患者たちは、夕暮れ前の静けさのなかを担架や手押し車で病院に戻るところだった。そして聖母賛歌を歌い、アヴェマリアの祈りを唱えていた。なかには、顔を歓喜で火照らせて歩いている人もいる。彼らを、親類や友人が取り巻いていた。他人でも、超自然的なものの力に引かれてそのあとを追っていた。こういったわずかな人は、あわれみ深い聖母がその癒やしのまなざしを向けた選ばれた人、仕合せな人である。だが、ガンを患う気の毒な、かわいそうな人ですら、着いた病院で苦しい臥床をつづけねばならないというのに、顔に現われているのは満足感だった。天国から降りてこられるイエスに治してもらえるという確信を失っていなかったのだ。

レラックの心を奪っていたのはただひとつの問いだった——治るはずのないマリ・フェランが治ったのか？

〈無原罪の御宿り〉の病室の扉を開け、部屋を横切って彼女のベッドへ急いだ彼は、驚きで声も出ないまま、棒立ちになって目を凝らした。変わりようは圧倒的だった。マリ・フェランが白の短い上着姿でベッドに座っている。顔色はまだ青白く、やつれているものの、生気がみなぎっていた。目には張りがあり、頬にもかすかに血色が戻っていた。長年の病苦でそこに刻まれた口元のしわはまだ残っている。しかし、名状しがたい静朗さが彼女の全身から発散していて、みじめな病室全体が喜びで明るくなるほどだった。

「先生、私はすっかりよくなりました。力は出ませんが、歩くことだってできると思います」と彼女は言った。

レラックはその手首を取ってみた。脈拍は静かで規則正しく、一分間に八〇だった。だが数時間前には、非常に速まり不規則で、ほとんど数えることすらできなかったのだ。

呼吸も完全に正常になっていた。胸の動きもゆっくりした、規則的な上下を見せていた。レラックの内心は大混乱に陥っていた。これは見かけの治癒にすぎないのか、激烈な刺激を伴う自己暗示の結果として生じた、通常の機能的改善を超えた何かだろうか？あるいは、病変が現実に治癒したのか？　めったにないけれども、現存が認められている事象なのか、さもなくて、新しい事実、途方もない、とうてい受け入れかねる出来ごと——つまり奇跡というわけか？

マリ・フェランに腹部の診察という最後の試験を受けさせる前に、一瞬、レラックは躊躇した。それから、期待と怖れのあいだに引き裂かれる思いで、毛布をめくってみた。

肌はなめらかで白かった。細い腰の上にあるのは、栄養不足の若い娘の小さな、平らで、わずかにくぼんだ腹部だった。

手を腹壁に軽く当てて、押してみた。やわらかくて、弾力はあるが極度に痩せている。どんな痛みも感じさせずに、腹、左右の脇腹、骨盤を触診して、以前にあった膨満と硬い塊の痕跡を探してみたが、すべていやな夢のようになくなっていた。腹部全体が完全に正常だった。脚だけに、まだむくみが残っていた。

彼女は治癒したのだ。すでに土色になった顔をした、腹部が膨満し、脈拍は致死的な速さだった娘が、元気のないことと憔悴《しょうすい》していることは別として、数時間という短いあいだに健康を回復したのだ。

レラックの額には汗が噴き出した。だれかに頭を殴られたかのような感じだった。心臓が乱調で脈打ち始めた。彼は、鉄の意志で自制した。

J博士とMが病室に入って来たのは聞こえなかった。だしぬけに、そばに立っている二人に気がついた。

「彼女は治ったようです」と彼は言い、さらに続けた――「異常はどこにも見当たりません。ご自身で、調べてください」

二人の同僚がマリ・フェランの腹部を慎重に触診しているあいだ、レラックは横に立ち、目を輝かせて彼らを見つめていた。娘が治癒したことに、疑いはまったくない。これがいままでに見たもののうちでもっとも容易ならぬことだったのは、いうまでもない。何年もの病気でほぼ完全に破壊された生物体に生命が戻ってくるのを目にするとは、怖ろしいような、そしてまた驚嘆すべきことだった。

議論の余地のない事実がここにある。しかし、それは科学と両立することのできない事実だ。瀕死の娘が快癒したのだ。

レラックは、自分の診断を疑い始めていた。つまるところ、ひょっとすると疑似腹膜炎だったのかもしれない。だが、疑似腹膜炎の徴候はなかった。逆に、結核性腹膜炎の症状はすべてそろっていた。ほかに、どんな診断がありうるというのだろうか？もう一度、レラックは彼女の病歴を振りかえってみた――結核に冒された家族、彼女自身の健康が徐々に衰えたこと、典型的な症状がそろっていること、最後に、彼女の面倒を見てきた内科と外科の医師二人の診断。腹部を診察したかぎりではほかに判断のしようもなかったとはいえ、観察結果を記録に残していなかったなら、いま自分の記憶を疑ったことだろう。彼女の状況全般が危機的だったことは絶対にまちがいない。ところが、彼女は治っている。

これは奇跡だ。大衆を魅了し、群れにしてルルドに送りこむたぐいの奇跡だった。そして大衆が熱狂するのももっともだ。これらの治癒の原因が何であろうと、結果は並はずれというだけでなく、前向きで、ありがたいことなのだ。

それにまた、レラックは自分が仕合せだったことを思って感動した。その日、ルルドに集まった患者すべてのなかで、病気が治ったのを見たのは彼がよく知る、そして注意深く観察してきた人だったのだから！

いまやレラックは、永遠の奇跡論議に自身が関わりをもつ羽目になった。ますます結構じゃないか、と彼は断定した。結果がどうあれ、自分としては犬を使って実験をしとげるように客観的な調査を実行するだけだ、と思った。彼は正確な記録機でありつづけるつもりだった。

しかし、これが実際に奇跡であれば、唯一の論理的帰結は超自然的なものの存在を認めることしかない。なんと常識外れなことだろう。ルルドの水に備わったこの神秘な力とは何だろうか。彼には分からなかった。

まだマリ・フェランの腹部を触診しているMを顧みて、レラックは何か分かったか、と訊ねた。

「いいえ、何も」とMは答えた――「でもこの人の呼吸音を聞きたいのです」

そして自分の耳をマリ・フェランの胸に当てた。同時に、J博士は彼女の脈を測っていた。イタリア人で、最近カトリック信者になったC博士という人も、マリ・フェランの診断を見つめていた。ベッドの枕元にはマドモワゼル・ド・Oが立っている。きれいな顔立ちも疲れでやつれていたが、彼女もうれしさと心配の入り混じった表情で自分の患者を見ていた。そのころには、ベッドのまわりにかなりな数の人が集まっていたが、口をきく人はいなかった。

探られ、触診され、揉まれ、圧されながら、マリ・フェランははればれとしていた。彼女が口にしていない喜びはだれにもわかった。部屋いっぱいに安穏、平静がみなぎっているようだった。たそがれの時刻だったが、まだ高窓を通して薄い光が射しこんでくる。宵の明星が、闇が迫っている空を背景に緑色の鋭いきらめきを放っていた。

二人の医師の診察がようやく終わった。

「完治しています」深く感動した様子で、J博士は言った。

「変わったことは何もありません。呼吸は正常です。病気は治っています。起きてもだいじょうぶです」とCも言った。

「この治癒をどう説明したらいいか、言葉もありません」とJ博士が言う。

「奇跡です。レラック博士、私はあなたのために祈っていました。これであなたも教会にお戻りになるのではありませんか？」とCは言うのだ。

「まちがいなく奇跡です」レラックは声を落として言った――「私が誤診をしていたのでなければ」

彼は黙りこんでいた。困惑しきっていたのだ。もはや、どう考えればいいのかわからなくなった。言うべきこともなかった。示すべき説明も持ち合わさなかった。もしかすると、実際に奇跡が起こったのだ。ひょっとすると、聖母がみずからの存在の証拠を稲妻のように示そうとされたのかもしれない。だとすると、奇跡を信ずるほかに道はない。ほんとうに、奇跡だったのか？　決めるには早すぎる。

しかし、この娘の仕合せを見ていると、いろいろと説明を探すことなどはたいした問題ではない。彼女は窮状から立ち直った、光明に、自由に、愛に――生そのものに復帰したのだ。これは現実の、めでたい成就なのだ。奇跡的な事実だった。

「よくなったと思われるなら、これからどうなさるつもりですか？」とレラックが訊ねると、彼女は答えた。

「聖ヴァンサン・ド・ポール愛徳修道女会[*37]に入って、病人の看護をしたいと思います」

感動を抑えようとして、レラックは部屋を後にした。

さらに数人の患者を診察してから、彼は通りへ出た。すっかり夜になっていた。最後の組の病人が帰宅の途につくところだった。黄色の外套を着て、甲状腺が突出した患者を車で運んでいる老人とすれ違ったが、患者のほうは洞窟にずっと置き去りになっていたらしい。顎のガンの少年は、ある神父と一緒に歩いていた。巡礼と、患者のうち歩行可能の人はみなロザリオ広場へ向かっていた。夕べの祈りがまもなく始まるところだった。通りの突きあたりには、青、緑、赤の何千という電灯で燃えるように飾られた聖堂が空を背景に大きく盛り上がっている。教会の正面入口から始まる二つの大傾斜路には、その長さいっぱいに明りの鎖が切れ目なく延びていた。広場そのものも、あかあかと照明されている。巡礼の松明《たいまつ》行列が遊歩道をうねって進んでゆくさまは、一筋の光る蛇だった。四方八方から、大群衆がのども裂けよと張り上げる、ルルド讃歌の調子の不揃いな声がアヴェ、アヴェ、アヴェと繰り返し、繰り返し湧きあがってくる。それは、庶民の集まる大祝典か何か、〈マリアの子たち〉の聖歌隊がふつうのダンスバンドにとって代わった大きな縁日か何かのようだった。

信者たちは熱情の高まるままに歌っていた。全員が参加している。だがレラックは群衆をかき分け、行列とすれ違いに川のほとりへ急いだ。そこなら絶え間のない歌と過度の明りを避けられそうだった。

無数の熱烈な、夢心地の巡礼と行き交うレラックは、しかしながら、彼らの子供っぽい、空想めいた期待を笑顔で見守る気はなくなっていた。これまで信じていたことすべてが、ひっくり返ってしまった。どだい起こり得ないことが、ただの事実となった。瀕死の人が何人も数時間のうちに治っている。この巡礼たちは彼ら自身の力を持っていて、結果をもたらした。なによりも、彼らは謙虚さとはどういうものかを教えたのだ。

この一日だけで、レラックはこの上なくふしぎな目に出逢った。控えめに言っても、ある患者を詳しく診察していまにも死ぬと言った途端に、目の前で当人が回復したことには、面食らうほかない。結核性腹膜炎も、疑似腹膜炎もいやというほど事例を見てきたレラックにとって、自分にも誤診がありうるなどとは思いもしなかった。マリ・フェランが自分の患者だったなら、手術をすることにして、ルルドへ連れてきたりせずに開腹したにちがいない。病院で、彼女が瀕死だと言ったのはこの午後だった。それがいま、今晩になっても彼女が生存し、それどころか治癒したらしいという信じかねる事実に何の説明もできないのだった。

自分の役目はしっかりした記録機であることで、それ以上ではない、また見たことの解明は自分の仕事ではないとどんなに懸命に信じようとしたところで、自分の考えは自由にならなかった。そのような考えは、彼が閉じ込めておきたい狭い垣根をはみ出してしまう。落ち着かぬ気持で、躍起になって、レラックはこの驚異を、この不思議を、信者が奇跡と称するこの神の恩寵を解明したいと思った。

マリ・フェランは《奇跡の治癒》だった。正午に死の間際にあった娘が、夕方七時には健康を回復した。この事実こそ、民衆の熱狂がほとばしる基なのだ。

だが内心で、彼はどう考えるべきだったのか？　まったくあやふやなまま、ふたつしかない可能性をめぐって彼はためらった。神経性の症状を器質性の感染と見違えるという重大な誤診を犯したか、さもなければ結核性腹膜炎が現実に治癒したかのどちらかだ。誤ったか、奇跡を見たかだ。たちまち行きつくのは、避けることのできない疑問だった

――奇跡とは何か？

川岸のレラックは独りだった。洞窟の近くにA・Bがいるのを見つけた彼は、声をかけた。二人はならんで腰を下ろした。

長いあいだ、彼らは黙ったまま洞窟を眺めていた。闇のなかで何千ものろうそくがちらちらして、あたりに赤い照り輝きを投げかける。行列は終わりにさしかかっていたが、アヴェの反復のこだまはまだ聞こえてくる。流れは音高く岩の川床に渦まいていた。

ここかしこに、腰かけたり跪いたりして黙想にふける女たちがいた。レラックは、洞窟の鉄柵の敷石にマドモワゼル・ド・Oが跪き、周囲にかまわず祈りに専念している姿を認めた。やがて信者たちは一人ずつ立ち上がると、去っていった。まもなく、レラックとその友はだれもいなくなった洞窟のそばで二人きりになった。夜のしじまの深まるなかで、双方とも口をきかない。長かった一日で疲れ果て、だが自分のことはまったく念頭になく、A・Bの思いは疑いもなく若い妻と、生まれてくる子と、そして神が下された奇跡のうえにあった。レラック自身が腰を下ろして見つめていたのは、聖母像と、ろうそくの火で形が浮き上がった松葉杖と、長年のあいだに煙で黒ずんだ洞窟の石壁と、ずっと離れた暗がりのなかに並んでいる、奇跡の水が流れ出る銅の蛇口だった。治癒という作用をもたらす直接のもとは群衆の興奮ではなく、賛美の歌声でも、香の匂いでも、張りつめた、熱烈な人の心がすべて融合した意志でもなく、水そのもの、岩塊からほとばしり出る泉の水だった――しかしそれを、レラックはまだ信ずることができなかった。

「やっと納得したかね、疑い深い哲学者も？」とA・Bがやさしく訊ねた。

「どう答えたらいいのか？　信ずるとは実にややこしいことだ。ぼくは、今日見たことが何だったたか、わかっている自信がいまだにない。ぼくにできるのは観察しかない。解明を試みることなどできない。マリ・フェランの病歴は知っている。事実はわかっている。死にかけていた彼女が、よくなったのをぼくは見たのだ。きっと奇跡だ」

「でも奇跡とは」とA・Bは言った――「超自然的な事実、自然の法則の一時停止、それをなされたのは神ご自身なんだ。今日、きみは奇跡を見た、しかも目の前でロケットのように飛び出したんだ」

「それは」とレラックは答えた――「ひとつの仮説だ。きみはそれを受け入れているが、ぼくは自分で何か別の方法で説明がつけられないかぎり、受け入れることも否定もできない。科学者というものは第一原因などわからないし、著名な生理学者、クロード・ベルナール[*38]が言ったように、そんなものは彼の関心外なのだ。けれどマリ・フェランの場合は、誤診ということがありえた。疑似腹膜炎だったかもしれない。それがわれわれを騙し、また自己暗示の結果、消滅したというわけだ」

「忘れてもらっては困るよ」とA・Bは口を挟んだ。

「彼女の病気は器質性のものにちがいないから、もし治ったら坊《モ》さん《ン》に《ク》なるってきみは言ったのだぜ」

「あの約束は軽率だった、それは認める。ただ、あれが意味するのはぼくの本気度で、ぼくが無謬《むびゅう》を唱えたのではないよ。ぼくだって誤ることはある」

「ラセールもゾラも読んだと言ったね」

「そのとおり」とレラックは答えた——「ゾラを読んだのはうんと前だ。エリズ・ルケのことを書いたところはとくによく覚えている。ルルドで、ガンらしい腫瘍が治ったというような、並はずれたことがいくつも起こっていたことは知っていた。でも、今回のはまったく別の話なんだ。われわれは、あの娘が器質性の病気を患っていて、亡くなるのは時間の問題と信じていた。ところが、その彼女が治ったという。このようなことを何かで読めば、インチキくさいと思わざるをえないね。ところが、まさしくこの目で見た治癒があるのだ。

「ルルドでは異例の治癒が現に起こっていると医学界にわからせる手段を講ずるだけなら、やって当然のことにすぎない。ぼくの仲間は、頑固に沈黙を守ってまったく関心を見せないという態度を変えようとしないのだ。したがって、医師による委員会をつくってルルドに来てもらい、真実を確かめることが絶対に必要だね。

「治癒の説明がつかないということは、ぼくには非常な悩みなのだ」——レラックは続けた——「大ショックだ。われわれの流儀がまともだと信ずることをやめて、ぼくにはもう患者の診断はできないと認めるか、あるいは、このことは考え得るあらゆる角度からの研究を要する根本的に新しい、驚異的な現象だと受けとめるか、そのどちらかだね。「ルルドの治癒というものは、現存するどんな療法とも比較にならないほど優れている。苦痛を和らげ、病人を治す方法はすべてよいものだ、効果がありさえすれば。物をいうのは結果だ。ぼくも非凡な出来ごと、それも重要で実際的にも意味のある事件に出くわしたのだ。見たかぎり治しようのない、慢性の病弱者が健全で正常な生活を送れるように回復したのを見たのだからね。こういった事実は記録して、念入りに研究されねばならない。何よりも、無視されたり物笑いにされてはならない。ぼくに言わせれば、それがこの驚くべき出来ごとから引き出せる唯一の結論だ」

「むろん、きみの言うことはまったくそのとおりだ」とA・Bは答えた——「しかし、奇跡は何で起こったのだろうか?」

「いうまでもなく、事実だけが答えのすべてではない」とレラックは言った——「このような治癒は自然の方法では得られない。ほかの場所では起こらないのだ。自己暗示も最終的な説明にならない」

「水浴場やルルドの聖水の世話にならずに治ることもあった」とA・Bが言う。「ピエール・ド・リュデールのときには水がなかった。彼は聖母に祈っただけだった。ぼくの信念だが、こうした治癒を行なわれるのは聖母ご自身であって、だからこそ超自然的なんだ」

「何か意見を述べる前に」とレラックは言った——「すべての事例を調査し、その根拠が確実であることを検証し、写真を撮らねばならない。それはだれかの誠実さを疑うという問題じゃない。けれどボワサリーもその同僚も誤りはありうる。医師のグループを組織して、ここへ来て自分で観察するべきだ。それで、何らかの結論が得られるかもしれない。

「ぼく自身の関するかぎり、ふつうの水が治癒に作用するという考えは好きになれないと言わざるをえないね」

「とは言っても」とA・Bは笑った——「きみには約束どおり坊さんになってもらわないとだめだね。じゃまた」

A・Bは出かけるつもりで立ち上がった。

「ぼくを修道院に置いてくれる坊さんはいないだろう。追い出すにちがいない、ぼくの考えはわるすぎるから」そうレラックは言った。

真夜中に近かった。晴れた夜空に丘陵のむこうから月が昇ってきて、その光で樹木とその影は自然にはありえない長さになったように見える。

月明かりの夜なかに、レラックはただ独りになった。彼は、科学上の疑義や質問を解明しようと暗いところで格闘している、孤独で悩みをかかえた一人の人間にすぎなかった。ルルドの治癒を、どう説明すればいいのか？　一連の幻覚じみた出来ごとが続いたこの日のことを、彼はもう一度振り返ってみた。

彼は最初から依怙地《いこじ》になって、目にしたすべての強烈な、取り憑いて離れない印象に抵抗していた。自分の意志力を駆り立てて、躍起になって拒否しようとしたのは結論を出そうという誘惑だけではない。機械的な道具になって観察し、記録しようという本来の決心を揺るがせかねない気持がかすかに頭をよぎることさえ、認めなかった。

奇跡などに個人的な関わり合いをもつとは、苦しいほど不愉快だということを否定するつもりはない。しかし、彼はルルドへ来た、何かが起こったのを見た、そしてここで観察したことの結果を歪める権利がないのは、自分の研究室での実験結果に対する場合と変わらない。目にした現象は、科学の実体のある世界に起こった新事実なのか、それとも、実体のない神秘の世界、超自然的な世界に属するものなのか？　それが問題の核心だった。抽象的な幾何学上の定理かなにかを認めるといったことではない。生命の概念そのものを変えてしまいかねない事実を認めるのか、という問題なのだ。

ゾラは奇跡の証拠を受け入れていたし、不適切な一般教育を受けたために医師たちによく見られるある種の考え方で融通が利かなくなっているのでなければ、だれでもそういうものなのだ。この手の医師は、医学教育の過程でさまざまな科学上の問題に少しは触れているが、なにかまともな研究に手を染めたとか、科学研究の諸原則の理解くらいはしたとかいうのはごくわずかしかいない。そのくせに、自分たちを科学者だと思っている！　不十分な研究設備や大多数の場合の知的凡庸のおかげで、彼らが本格的な科学論文をまとめるのはまったく不可能だ。そのほとんどは、ルルドにあるのはいかさまだけと思いこんでいる。彼らには、ゾラの勧告を容れて、医学的にこれほど重要なものはないと思われる事象がいろいろと疑問の余地なく起こっている場所へ皆で出向き、調査をするだけの勇気がない——その事象とは、これまで見たこともない、神経病理学や神経系統のふしぎな役割の解明に役立つかもしれないものなのに。

医師の多くは、自分の面目に傷がつくのを怖れるあまり、ルルドへ行き、実見して来ても、それを認める勇気がない※。ルルドの来訪者名簿を見ていて、レラックは何人かの同僚の名を認めたが、なかには彼の個人的友人もいた。ところが彼らは、かつてルルドのことを話したときに、何も知らないし、行ったこともないと言っていた。いくらかでも興味を示して、教会中心の石頭や愚か者などと思われるのがこわいのだ。

※編者注　これが執筆されたのは一九〇三年〔原文ママ、実際は一九〇二年〕であることに留意のこと。

レラック自身は奇跡と関わりを持ったことに当惑はしたものの、責任を回避することなどは自尊心がとうてい許さない。どんな犠牲を払っても、最後までやり遂げようと決心した。

行きつく先がどこかは、見当もつかない。しかし彼には答えを、こうした不可解な事実への説明を見つけるという差し迫った必要があった。自然現象とか生命の法則とかは、ほとんどがまだ謎に包まれている。若干のことがわかったのみで、それらは、暗い、はてのない海で光を放っている航路標識のようなものだ。ひょっとすると、熱烈な祈りで結ばれた大群衆が、未知の、それ自身が思いがけない治癒力を持つ、ある種の自然力を放つということがあるかもしれない。テレパシーの存在が奇跡的なことと見られていたのはそれほど遠い昔ではない。雷も稲妻も、自然現象とわかるまでは人々は神の怒りと解していた。したがって、いまのところ知られてはいないだけで、ルルドの治癒といった不可解な現象を説明できる自然の法則が存在することは考えられる。ありうることだ。しかしはっきりとはわからないとは、なんと口惜しいことか。さらに、興奮状態の群衆が治療力のある気《き》を発出するのが事実としても、突然起こる治癒すべての説明にはならない。というのは、非常に多数の人が他人の見ていないところで治っているからだ——ピエール・ド・リュデールは自分の部屋で、J・Dは単独の巡礼旅行で、マリ・フェラン自身もろうそくに照らされた洞窟の鉄柵のそばでほとんど独りだけだった。皆がなぜこのルルドに、ある神秘的な存在が直接に顕現することで信仰深い人々の祈りに応えると言われるこの地に集まるのか、それは理解できないことではない。

深く心を奪われたまま、レラックは聖堂正面の欄干をめぐらせた広いテラスを行きつ戻りつした。果てのない平安の静謐《せいひつ》が、月下に広がるいなかの風景を被っていた。あたりの谷には薄い、白いもやがかかっているが、かなたには青みがかった丘のなだらかな稜線が空にくっきりとした輪郭を見せていた。

レラックの内心の葛藤は続いていた。神が存在しないこと、聖母は人間の想像が創りだした虚構にすぎないことを証明する手立てはない。レラックは、神の存在を証明することも、さりとて否定することもできなかった。彼は、パストゥールなどの偉大な人物がどういう具合に科学への信頼と彼らの信仰との折り合いをつけることができたのか、ふしぎでならなかった。もしかすると、科学と信仰にはそれぞれ独自の体系があるというのだろうか。

科学者が自分の知的技法と確信を形而上学にあてはめようとすると、失敗する。理性は事実と事実相互の関係の確定より先へ進めないので、理性による推論を用いられないのだ。「原因」の探求に絶対的なものはなく、行程に目じるしはなく、良否を判定する根拠もない。この神秘の領域には、したがって、何でもあるのだ。

レラックは敬虔なカトリックとして人生を始めた。ついでストア主義者となり、さらにカント派になって、最後に落ち着いたのは穏やかな懐疑主義者だった。成長の過程でこのような遍歴を経てきた彼だが、それがもたらしたのは不幸ばかりである。これまでの生涯をふり返ってみると、残念ながら理解できなかったカトリシズムが、結局はほかのものよりも心の安らぎを与えてくれていたと実感させられる。

いま彼は孤独で、暗やみのなかにいた。知的体系などはもはや意味をなさないと思われた。生と死を前にしては、もろもろのただの学説は無益なものだった。人間の内的生命をはぐくむのは科学ではない。魂のもつ信仰なのだ。

レラックが落ち着かない気持でテラスに足を運んでいると、夜のしじまを通してときどき大オルガンの音を落とした調べが聞こえる。夜警が通り過ぎるたびに、履いているブーツの底の鋲が敷石に立てる音がくりかえして反響した。聖堂のなかからは、張り裂けるような突然の歌声が伝わってくる。教会の入口に群がっているのはバスク人の巡礼だった。

入口の敷居のところで、レラックは立ち止まった。結論を出さねばならない。診断には自信があった。奇跡が起こったことに議論の余地はない。事実、それは奇跡、しかも一大奇跡だった。しかし、それが神の御業《みわざ》だったのか？　いつの日にか、彼にもわかることだろう。さしあたりは、治癒が見られたとだけ言っておこう。そこまでは彼も保証できる。だがそれがすべてでないということを心の奥底で感じていた……。

明りのかがやく、金色のきらめくなかの石段をレラックは登った。オルガンがとどろき、無数の歌声が続いている。そして聖堂の後ろのほうで、老農夫が座っているそばの椅子に腰を下ろした。長いあいだ、両手で顔を覆い、聖歌に耳を澄ませながら、彼は身じろぎもせずにそこに腰かけていた。

そして、このような祈りを自分が唱えていることに気づいた。

「やさしき聖母よ、つつましく御身《おんみ》にお願いを申し上げる不幸な者を援け給うお方よ、御身のもとで私《わたくし》[*39]をお守りください。私は御身を信じます。御身はまばゆいばかりの奇跡で私の祈りにお応えくださいました。まだ私にはそれを見る目がなく、いまなお疑いを抱いております。しかし私の生涯で最大の願望、最高の切望は信ずること、熱烈に、ただひたすらに信ずることにあり、もはや分析し疑問をもつことではなくなりました。

御身の名は朝の太陽にもまさって恵み多きものです。不安に眉をひそめ、心を煩わせ、由《よし》ないものごとを虚《むな》しく追い求めて精根も尽き果て、気がかりに満ちたこの罪びとを御身のもとにお連れゆきください。私の思い上がった知力が発する根深く耳障りな意見の下には、厚い被いに隠された夢が息づいております。ああ、まだ夢にすぎないものながら、あらゆる夢のなかでもっとも人を魅するものにほかなりません。それこそ御身を信ずるという夢、聖職者たちの輝く心をもって御身を愛するという夢なのです」

穏やかな夜だった。レラックは長い道をゆっくりと降りて、乳白色の月光を浴びているロザリオ広場を横切った。

祈りに心を奪われていた彼は、涼しい夜気もほとんど感じなかった。ホテルの自室に入ったときには、そこを出てから何週間も経っていたように思われた。かばんから緑色の大型ノートを取り出すと、腰を据えてこの日の最後の出来ごとについての所見を記入した。もう三時になっていた。東のほうにはすでに淡い明るみが深い夜空に見え始めていた。

開け放った窓から新鮮な冷気が入ってくる。彼は晴朗な自然がやさしく、静かに自分の心に沁み込むのを感じた。日常生活の関心事も、仮説も、理論も、知的疑念も、すべて消え失せていた。

彼は、聖母の御手《みて》のもとにあって確信が得られた、という気になった。心がなごむ、その御手の驚嘆すべき安らかさに触れることができた、と感じた。もう思い煩うことはないと考えるほど、その気持は深かった。彼は、押し寄せる疑心の威圧をすべて払いのけた。

言いようのない、暁の美しさのなかで、彼は眠りについた。

※編者注　マリ・フェランの実名はマリ・バイイーといった。彼女が「結核性腹膜炎」から回復したことは、一九〇九年にカレル博士が執筆

した調査書の題目となっている。のちにその記述を公表したボワサリー博士は、これを「客観性と正確性の模範」と呼んでいる。[*40]

訳注

＊15　マリアがイエスの母であることで味わった七つの悲しみ（Seven-Sorrows-of-the-Blessed-Virgin-Mary/Notre-Dame-des-Sept-Douleurs）

＊16　一八五八年二〜七月に、薪取りに行った十四歳の貧しい羊飼いの娘ベルナデット・スビルーにマリアが十八回出現した「マサビエルの洞窟」。聖地ルルド発祥の場所。浅い洞穴だが、奥に湧き出た泉の水が集められて、巡礼、病人の水浴、給水に用いられている。詳細は附録（一九二ページほか）参照。

＊17　一八八〇年に「救いの聖母」の名で発足、九四年に改称された奉仕団。

＊18　地中海地方に産するツツジ科の木で、根をパイプに加工する。

＊19　十九世紀から二十世紀初めにかけて流行した、鼻の下いっぱいに下向きに伸ばした口ひげ。

＊20　教会の指導下で聖職者の仕事を補助する平信徒によるカトリックの普及活動。

＊21　カレルは一八七三年にリヨン西郊（ソーヌ川西岸）のサント・フワ＝レ＝リヨンで

出生、リヨン大学（一八八九年に学士課程卒後、メディカルスクールへ）に入るまでに最初は家庭内で母親に教えられ、ついで地元で通学できるイエズス会のサン・ジョゼフ校に学んでいる。ここではほぼわが国の中・高校に相当するそのコレージュ（仏語原典）を指す。

＊22　カントの批判哲学をいう。

＊23　Primary cause. 事物の根本的原因。万物の第一原因は神にいたる（アリストテレス／トマス・アクィナス）。

＊24　建築が十二世紀に遡る、ローヌ西岸に四百メートルのファサードを持つリヨン最大の建造物。現在は病院としては使われていない。

＊25　「検証所」などともいうが、本稿では「医学検査所」としておく。一八八三年に設立され、原語で Le Bureau des Constatations Médicales「医学確認事務所」、英語で The Bureau of Medical Records「医学記録事務所」。ボワサリーは九一年就任の第二代所長。

＊26　カトリック系作家、ジャーナリスト。一八二八～一九〇〇。ルルド関係の作品に *Notre-Dame de Lourdes*, 1869（『ルルドの聖母』）ほか。一八六ページ参照。

＊27　ゾラが最初の訪問での経験に基づいて「ラ・グリヴォット」の名で描いた作中人物。第三期の肺結核が治癒するが帰りの車中で喀血し、再発してしまう。モデルになっ

たほうはその後も二十数年間、健在だったという。

*28　ジャン・マルタン・シャルコーはフランスの神経医学者、パリ大学教授。フロイトの師で、「神経医学の父」と称された。一八二五〜九三。

*29　劇薬だが、乾燥させた葉を強心剤に用いる。

*30　二七ページ所載の英訳版編者注は、仏語原典初版ではここに記入されていた。英訳版では位置のみならず文章にも変更がある。原典初版の原注のうち、マリ・フェランの実名マリ・バイイーの紹介以外の部分は、結核性腹膜炎の患者だった彼女の治癒がカレルの研究対象になり、それが厳密公正の適例としてのちにボワサリーによって公表された、という点である。英訳版ではその部分は本文最終ページの「編者注」になっている。

*31　脊椎カリエス。十八世紀の英国の外科医パーシヴァル・ポットにちなむ。

*32　聖母マリアは、母アンナの懐胎のときから神に選ばれて原罪をまぬがれた存在だったとする考え。古代からあったが、ローマカトリックでは一八五四年の教皇ピウス九世回勅により教義として確定。正教会、プロテスタント各教派では認めていない。

*33　女性に多い膠原病のひとつ、エリテマトーデス（狼瘡）の症状。

*34　マタイによる福音書五〜七章。

*35　*17参照。「ルルドの聖母奉仕団」の旧称。

＊36　六五ページで触れられた、ロザリオ広場の左右から大聖堂にいたる円弧状の壮大な傾斜路のこと。

＊37　ヴァンサン・ド・ポール（一五八一〜一六六〇）はフランス（ガスコーニュ）生まれの聖者。慈愛と貧者への同情で知られる。イスラーム（チュニス）の海賊に捕えられ、奴隷に売られた体験を持つ。修道女会は一六三三年の創立（仏語名 Sœurs de Saint Vincent de Paul）

＊38　フランスの生理学者、ソルボンヌ大学、コレージュ・ド・フランスなどの教授。膵臓や肝臓の消化現象を化学的に研究。一八一三〜七八。

＊39　英文原語 my prayers は仏語原典でカレルが用いた mon doute（疑い、疑念）の英訳者による言い換えの一例。

＊40　この調査書およびつぎのパラグラフの「報告書」は後述するジャキの触れた Dossier 54（一二一ページ）を指すと解する。

編者後記[*41]

アレクシー・カレルのルルド訪問〔一九〇三年七月〔原文ママ、実際は一九〇二年五月〕〕が彼の内面的生活と心的展開における画期的事件だったのに対して、彼が当時確証することのできた事実もまた、科学者としての彼の研究に永続的な衝撃を与えるものだった。それ以後、カレル博士は「異常な」と称されるが現実に生じているさまざまな治癒例に全面的に適用しうる科学的分析の手法——あらゆる哲学的ないしは宗教的解釈とはまったく別の——をものにするのに全力を挙げた。彼はこれを目的に、自身が作成したルルド問題の報告書で相当数の純粋に科学的な観察を集めている。

その当時、カレル博士は自己の見解を紙上で弁明する必要に迫られた。[※] 以下に述べるのは、その要旨である。

※編者注　出版者の注。〔「～を迫られた」とまで断定しうる立場にない著作権者の未亡人および仏語版原典の出版社 Librairie Plon, Paris

による、との意〕。

毎年、無数の巡礼者と病を患う人々がルルドを訪れる。巡礼の旅のあとでカトリック系の新聞がふつうには考えられないいくつかの治癒例を公表し、それを「奇跡」と称している。

長年にわたって、医師たちはこういった治癒例を真剣に検討しようとしなかった。しかし、まず事実の調査もせずに何かが正しくないと言うことは重大な科学的過誤を犯すことになる。

ルルドが、厳正な事実であるものを真剣に受け止められないようなやり方で示す、ということかもしれない。確かなのは、信仰の問題とそのころの党派政治が人々の心に論点の混乱を招いたことだ。いずれにせよ、真剣な、あるいは信頼しうる評価は行われていない。人々は事実自体を見ようとせず、いつも治癒の原因を論ずることにかかりきりだった。

ルルドの出来ごとは、そのすべてを簡潔に述べることができる。一八五八年に、ある羊飼いの娘に幻影が現れ、カトリックでは聖母マリアと呼ばれる人の姿を見た。この幻影の結果、マサビエルの洞窟に連れてこられた若干数の病人が平癒した。それ以後、洞窟に来る人は増える一方で、いまでは来訪者を運ぶには何列車もが必要になっている。

信者にも無信仰者にもおもしろくないことかもしれないが、ここで信仰の問題を論ずるつもりはない。逆に、言いたいのはベルナデットがヒステリー症だったか、作り話か、あるいは狂女だったか――それどころか、そもそも実在したのかという点ですら、まずどうでもいいということだ。

重要なのは、事実を注視するということに尽きる。事実は科学的に調査することが可能で、それは形而上学的解釈の埒外《らちがい》にある。

多くの人は、自然の力が相互作用によって作り出したものを、それが長く定着し、書物に記載され、多少とも既知の理論の範囲内のものと人為的に分類されている事実に合致しないかぎり、何事によらず受容しようとしない。

公認された科学の硬直した枠組みにはまり切らない、あまりに革命的な現象が不意に起ころうものなら、人々はそれを否定するか、単に笑って済ませるかのいずれかなのだ。

数学者のラプラス[*42]は、隕石の問題についてのピクテ[*43]の声明を聞いて、こう叫んだ――「そんな神話はもうたくさんだ」。当時、隕石は目新しいものだった。隕石は、認知されるまでは存在そのものが否定されていたのだ。

どんな時代にあっても、そのときの学者たちには異常なだけでなく危険とすら思われる新事実が生まれている。それが、人間の頭脳が閉じこもりたがる定則の体系を破壊するためだ。

いわゆる科学者は、そのような新事実を認めない。しろうとの一般大衆はそれらを超自然現象と考える。原因がわからない事件や事実は超自然的と呼ばれるわけだ。

日食、月食の理屈がまだ説明できなかったころは、人々はその原因を超自然的なものとしていた。既知の天空の図式には食というものの占める位置がなかったのだ。だが食の原因がわかった途端に、超自然のものとは呼ばれなくなった。

自然界の異常な事実や出来ごとに直面したときにまずなすべき仕事は可能なかぎり正確な観察であって、原因の分析を試みることではない。なによりも、現象をいまある科学的体系の枠組にはめ込もうとすべきではない。クロード・ベルナールが言ったように、私たちは哲学的、科学的体系の足かせを取り壊すことに努めねばならない——知的奴隷の鎖を断ち切るように。

立証ずみのいかなる科学的事実も危険にさらすべきではないことは、いうまでもない。しかし、いくつかの明快な指標を除いて、私たちが関するかぎり自然の法則はいまなお闇のベールにきわめて厚く覆われているため、調査の範囲を現在わかっている諸法則に限定すれば、私たちの視野を故意にせばめることになるだろう。

ほかにも多数の法則が存在することに疑いの余地はない。したがって、科学の進歩は新しい法則を探求し、異常な諸現象を分析し、それらの特異性を明らかにし、それらが既知の事実と異なる点を発見して新法則を確立することにある。

科学は、もちろん、まやかしと騙されやすさにつねに用心を怠ってはならない。だが同時に、単に異常と思われるからといって、あるいは科学では説明できないからといって、ものごとを否定すべきでないのも科学の義務である。

医学の世界には、自分に見る機会がなかったことを否定してまわる人が多い。これは、判断における重大な過誤にほかならない。

異常現象の研究者は、実験室で発見できるような精密さは持つことができない。実験室であれば、絶対に正確な機器を用いて実体のある物質に関する記録が入手できる作業が可能なのだ。

彼らは、あらゆる先入見を度外視しなければならない。自分が考察中のものを軽々しく信じすぎることも、心得違いの偏見や虚偽によって過誤に陥ることもあってはならない。善意から出たものであっても、人々の行きすぎた信仰は疑うことが必要だ。さらに、宗教的、反宗教的のいずれであれ、あらゆる偏見に異議を申し立てる勇気を持たねばならず、いわゆる開けた人士の軽蔑や理解不足にも立ち向かわねばならない。どんな障害があろうと、自分で臆することなく設定した目標を追求する覚悟が要るのだ。単に、研究の困難さを理由に、もしくは同時代の学識者の無視や嘲笑に見舞われたために、研究を放棄してはならない。

私たち科学者が研究中の治癒は、一方では否定され、他方では超自然的とみなされている。けれども、調査が完了するまでは否定することはできない。それが科学の役目なのだ。

ひとつ注意を促したいのは、いわゆる超自然現象がきわめて多くの場合、原因を確定できずにいる自然現象という点である。

私たちがその原因を科学的に決定できて、それらを事実として確定できれば、だれが私たちの成果を好きなように解釈しようと自由なのだ。

カトリック教徒は、研究を神聖冒瀆――あるいは彼らの信仰に対する攻撃とみなすべきではない。それは単に科学的な手法にすぎない。そして、科学には国家も宗教もないのである。

訳注

＊41　この文章は仏語原典初版（一九四九年）では、本文とは別稿のLes Guérisons de

Lourdes「ルルドの治癒」という表題で掲載された。ルルド訪問からまもなく執筆されたという本文はカレルの死の四年後まで公表されなかったが、その翌年に刊行された英語版（本書）に、執筆の時点を異にし、趣旨を大きく変えたものを編者のカレル未亡人と英訳者が編者後記として取り入れた意図は明らかでない。

＊42 フランスの天文学者、数学者。一七四九～一八二七。

＊43 スイスの天文学者、気象学者。一七五二～一八二五。ここの話は一八〇一年五月に落下した隕石をラプラスが「月の火山爆発による」との仮説で説明しようとしたときのものか。

解題

田隅恒生

アレクシー・カレル（1915年撮影　Corbis/amanaimages）

『ルルドへの旅』をどう読むか

『ルルドへの旅』が私たちにとってどのような意味を持つかを考えてみたい。

訳注（四二ページの＊3）でも触れたように、この著作の随所に作為が施されていることは容易に見て取れる。レラックとマリ・フェランという名から始まって、旅の時期を実際より一年ずらしてあること、心象や精密な風景描写や登場人物の匿名化、所論を旧友との長い会話の形で述べた点など、私的な手記なら不要な配慮が多くなされていて、公表を前提にした小説仕立てであることをうかがわせる。あとで触れるアルゼンチンの研究者レッジアーニは、同書を「小説」と呼んでいるほどだ。しかも、形だけ整えてもカレルの体験であることは自明なので、著者生前に公表されなかった事情があったことの推察もつく。

むろん、ルルド訪問の基本的な内容が事実と異なるような大がかりな作為ではなく、虚構化しても公開を控えねばならなかったのではあまり利口なやり方でないと思われる点を別にすれば、読者にとっても不都合なことはない。そして一九四四年にカレルが死亡し、第二次大戦終結を挟んだ五年後にフランス語原文が未亡人によって公刊され、早くも翌年には米国人女性ヴァージリア・ピーターソン[*1]による英語訳（本書の原書）が出て、すでに『人間』（解題注＊6）の刊行で膨大な数の一般読者を得ていたカレルの名声はとみに上がってゆく。なんといっても、超自然的な治癒の現場に居合わせた医学者、しかもノーベル賞受賞者とは、例がない存在だ。とくに世界のカトリック信者にとって本書のもつ意味はきわめて大きなものがあり、いまなおそれは続いている。信者でなくとも、本書を一読してある種の感動を覚えない人は少ないだろうと思われる。

ジャキの論評（一）

しかし、ことはそれほど単純ではない。

一九九八年にニューヨークで開催されたＦＩＡＭＣ（わが国での呼称は「世界カトリック医師会」）第十九回国際総会・兼米国カトリック医師会第六十七回年次総会で注目すべき発表が行われた。同会のわが国での組織「日本カトリック医師会」が活動を続けているのでご存じの向きもあろうかと思うが、その内容を手引きとして、若干の私見を述べることにしたい。

発表者はニュージャージー州ニューアーク西郊にあるカトリック系のシートンホール

大学教授スタンリー・ジャキ師（一九二四～二〇〇九）である。彼は一九八七年度テンプルトン賞（精神界の業績に与えられる、宗教上のノーベル賞といわれる）を受賞したベネディクト会の司祭で宇宙物理学者、科学哲学者だが、一九九四年に一般むけ科学誌『サイエンティフィック・アメリカン』に掲載されたカレルとマリ・フェランの治癒についてのある記事への批判という形で見解を述べた。のち、それは「Two Lourdes Miracles and a Nobel Laureate: What Really Happened?（ルルドのふたつの奇跡とノーベル賞受賞者――実際に起こったのは何か）」というタイトルで The Linacre Quarterly, Feb. 1999, CathlocCulture.org (Trinity Communications) より公開された。

彼には、先にカレル没後五十年記念として執筆された論文がある（『カトリック・ワールドリポート』誌一九九四年十一月号所載の Miracles and the Nobel Laureate「奇跡とノーベル賞受賞者」）。いずれも、ジャキがルルドの医学検査所で行なった記録の精査に基づく事実の展開上にある。論文の主旨は異なるが、本稿では、必要のないかぎり二論文を一括りにして話を進めることにする。

ジャキは、前述の記事の多数の誤りを指摘し、修正するとともに、実際に起こった、そして『ルルドへの旅』しか知らない一般読者がアクセスしにくい事実を述べる。

まず、カレルのルルド訪問は、奇跡として伝えられる外傷の治癒の速さを検証することだった。背景には、一九〇二年、つまりルルド訪問の年に、カレルがリヨン大学解剖学教室助手として効果的な血管縫合法を発表して世間を驚かせ、国際的な評価を得たことがある。研究のきっかけは、八年前にリヨンで開催された国際博覧会に来訪した大統領、サディ・カルノーがイタリア人無政府主義者サンテ・イェロニモ・カゼリオの短刀による襲撃を受けた動脈の縫合不能で死去したとき、リヨン大学メディカルスクールの学生だったカレルが関心を持ったことだ。奇跡などを認めていない彼がルルドを訪れたのは、研究の成果で有頂天になったあまりの大胆な行動だった。治癒の速さへの関心も、そのような不自然なことは考えられないという疑念に発したのだが、関心をもつこと自体が当時のリヨン医学界の合理性尊重の情勢下では許されなかった。

マリ・フェラン（本稿では簡便化のために本名でなく作中名を使用する）の治癒を実見したあとも、彼はルルドを四回訪問している。三度目と四度目には、奇跡的な治癒に遭遇したことは後述する。

『ルルドへの旅』の出発点はリヨンである。リヨンの医師にはよく知られていた重体のマリ・フェランがルルドへ出発できたのは、看護婦の協力で一時的に退院させ、発車寸前の列車に担ぎ込むという「密輸」を実行した結果だった。ジャキがマリ自身の説明の

「ハイライト」とする治癒の部分は、ルルドの洞窟で「聖水をすこしお腹に注ぐことができただけ」ではなく、本人のたっての願いで水差しに満たした水を三度にわたって浴びていたというのが事実だった。最初は腹部に注いだところ、「全身に焼けるような痛みを感じた」が、つぎは痛みが少なく、三度目は幸福感（治ったという）があり、三〇分後には腹部の膨満は完全に消滅したという。

その間、カレルはマリの後ろに立ってあらゆる知見を時刻とともに記録した。マリは聖堂へ、次いで医学検査所へ運ばれてカレルを含む数人の医師の診察を受けたあと、夕方にはベッドで起き上がってふつうに夕食を摂った。翌朝、自力で起床した彼女は、カレルが来たときには衣服をつけていた。『ルルドへの旅』に、彼女が聖ヴァンサン・ド・ポール修道女会に入りたいと言ったとあるのは、このときである。翌五月二十九日、彼女は独りで汽車に乗り、硬い座席で二四時間の旅ののち爽快な気分でリヨンに帰着して、市電で自分の住まいでもあった親族宅に帰った。彼女の姿を目にした人たちには、見たことがまったく信じられなかった。

一方、カレルは精神医学者に依頼してマリを二週間ごとに診察することを四か月間つづけた。結核の検査も定期的に実施し、十一月末には心身ともに健常と認められた。

その翌月、マリは希望どおりパリで修道女の修練期に入り、病気の再発もなく修道女会のきびしい生活を経て、一九三七年に五十八歳で死去した。

以上が、ジャキが医学検査所でカレルと何人もの医師、ならびにマリ自身の詳細な申告書を含む一件書類（Dossier 54）を直接調べた結果のあらましである。ジャキがマリについて言いうるのは、『ルルドへの旅』には、検証の作業が行われていないこと、叙述が省かれたものが多いという点だ。たとえば、マリの親兄弟全員が結核で死亡したという重要な事実はマリからの伝聞にすぎない。ルルド滞在中にも、記録機を自認するカレルが語らなかったことが少なくない。マリの腹部を膨満させていた粘液（ただの腹水ではなく、大量の重質粘液だったことはカレル自身の触診で明らかだった）は三〇分のあいだにどこへいったのか、という簡単で基本的なこと（体外への分泌はなかった）すら、カレルが疑問を抱いたかどうかも明らかでない。

ジャキは、それらでカレルの著作に不都合な影響が出たとか、彼が意識的に何かを隠したとか言っているわけではない。マリの治癒を奇跡と見ることはジャキとしてもいうまでもないのだが、『ルルドへの旅』は医学者が現場の体験を書いたものと見ると、データとして十分でない。医学検査所には、五月二十八日午後二時から翌日午後六時までの一時間刻みの、その二十八日の午後については分刻みのカレルが書いた克明な記録があるのに、同書では触れられていないことがジャキには物足りないのだ。[*2] しかし、そのためにジャキのマリ・フェラン関係の見方が変わったわけではない。『ルルドへの旅』についていては、ジャキのつぎの言葉（記念論文）で言い尽くされていると見ていい――

「『ルルドへの旅』は、ルルドで起こった奇跡と、そして自分の良心と格闘せざるを得なかった不可知論者《アグノスティック》（神の存在・非存在は知りえないと信ずる立場）の一医師とのもっとも感動的な叙述であろう。しかしカレルの語りがあまりに個人的、感動的だからこそ、多数の科学的、記録的な事実の細目が十分とはいえなくなる。このような細目のみが、同書を科学的には説明できない事件に対する重要な科学的証言とすることができたはずなのだ」

ルルドで信仰を回復したカレルは、リヨンに戻ったのちもルルドへ行ったことすら人に知られたくなかった。『ルルドへの旅』で、「自分の面目に傷がつくのを怖れるあまり、ルルドへ行き、実見して来ても、それを認める勇気がない」と口を極めて批判する彼の同僚とまったく同じだった。ところが、マリの治癒はリヨンで大評判になる。

カレルがルルドでマリのそばにいたことも、地元のカトリック系新聞 Le Nouvelliste

（『ヌヴェリスト』、「新聞記者」「情報屋」の意）[*3]がマリのインタビューとして報道し、しかも彼が奇跡を信じていないととれる記事を載せるにいたって、彼は弁解せざるを得なくなった。

だが彼の立場は、信者には奇跡を安易に受け入れすぎると解され、また不自然な事実を直視することを拒む非信者——医学界の大勢を占める——には彼らへの非難と見られて、双方を苛立たせた。[*4]宗教上の自由思想と反教権的立場（一四六ページ参照）が支配するリヨンの大学や医学界、病院関係から疎外、排斥されて大学での地位はおろか、希望していた病院の勤務医師の資格も得られないことがわかり、カレルは国外脱出を決意する。これが、後述するカナダ（当初はフランス語の通ずるモントリオール）移住の背景だった。

こうして、リヨンの知的指導者たちは、一九一二年にカレルがノーベル賞受賞という栄冠をかざしてアメリカから一時帰国したときには、甘んじて屈辱を味わうことになるのだ。

たまたまマリが一九三七年二月二十二日に死去して数か月後のことだが、そのころとしては老齢の域に入って夫妻で夏をブルターニュのサン・ジルダ[*5]で過ごしていたカレルは、初めて人生の師と呼ぶべき人に出逢う。本書序文の筆者、トラピスト会の修道士アレクシー・プレスで、七年後の一九四四年十一月、ブルターニュでカレルの容体悪化の知らせを受けたプレス師は、第二次大戦末期の当時、パリの東方でなおドイツ軍と戦闘中の連合軍にバナナを届ける米軍の軍用貨車に飛び乗ってパリに行き、ようやく間に合ったという。

論文には続けて「カレルはサクラメントを受けて死去した」とあるので、彼がカレルに病者の塗油の秘跡を授けたようにとれるが、そうではない。病状の関係で先に済ませたのだろうが、実際に秘跡の行事を執り行なったのは、序文にあるようにプレス師自身ではなく、別の神父だった。

ジャキの記念論文は、所論を総括してつぎの言葉で終わっている。

「宗教的主観主義に加えて、神学的にも奇跡の事実とその信憑性――聖書内、聖書後を問わず――を軽視する風潮が広がっている時代にあって、カレルの著書は誠実な護教論すべての目的にきわめてよくかなうことだろう。良質の護教論に触れた非信者が立場を変えることは相対的にわずかかもしれないが、自分の信仰が完全に知的な敬意に値することを保証されて、同種の護教論に謝意を表する信者は多いのである」

ジャキが書かなかったこと

ジャキが書かなかったのはカレルが書いていないためだが、筆者としては一言触れておいてほしかった点がある。

『ルルドへの旅』が小説仕立てであることは、誰にもわかる事実である。しかし、彼がルルドへ行ったのは、ジャキが言うような研究の成功で舞い上がった軽はずみなだけの行動だったのだろうか？　もともと、神秘的な傾向が強かった――実証主義をあれだけ標榜しながら、心霊現象などにも深い関心を持っていた――と言われる彼には、ルルドの治癒を超自然的な事実として是認したい気持があり、その確認のために出かけた、と見るほうが当たってはいないか、というのが私見である。

信仰を捨てていたといっても、幼少時以来のカトリック教育の根は残っている。四八～四九ページにあるように、断片的ながら合理性だけでは彼の心は満たされないことも洩らしている。直接にそうとは言っていないが、『ルルドへの旅』で、自分と相容れない考え方を持つ医師群を「不適切な一般教育を受けたため」（九七ページ）とするのは、宗教教育の欠けていることを指すのかもしれない。一九〇五年、在米中の彼の身の上を案じつつ亡くなった母親は信仰の篤い人だったたし、妻アン・ド・ラ・モットも強い信仰心に加えて透視やテレパシーの能力があったとされ、それはカレルにとっては身近な問題だった。こういった超能力や読心力を、一般向けの主著『人間――この未知なるもの』[*6]で「科学に果たす《インスピレーション》の力について」「透視・テレパシーはなぜ起こるのか」の二項目を設けてまで、「心霊研究という新しい科学に属するこれらの事実は、あるがままに受け容れなくてはならない。それは真実の一部を成しているのである」（二六一～二六五ページ）と述べたのは、ルルドの体験を含めて三〇年以上も持ち続けた確信ではなかったかと思われる。すでに見たとおり、『ルルドへの旅』でも「テレパシーの存在が奇跡的なことと見られていたのはそれほど遠い昔ではない」と述べている（九八～九九ページ）。

作品では、A・Bという旧友との対立構造を作って彼との長い会話の大部分をおそらく創作して科学対信仰の問題を浮き上がらせ、そのうえでのマリ・フェランの治癒によって自分の回心にいたった、という技法をとったことが推定される。A・Bとの議論は仏語原典ではもっと長く、くどいばかりに自分の実証精神を主張するところが、そのあたりの狙いを語っているようだ。しかも、ボワサリーに会ったときには、A・Bなどとは比較にならない堅固なカトリック信者、奇跡容認者でもあったこの優れた医師には、当初から全面賛同のような態度で接している。A・Bに対する論旨からすると、医者の風上にもおけない存在といわねばならないところだった。それが正反対なのは、カレルに、ボワサリーの見方を内心で支持する気持があってこそと思われる。

しかも、カレルは五度もルルドを訪れている。二度目は一九〇九年、三度目は一〇年、そして一一年、一二年と、初回以外はすべて米国から夏休みを利用して帰国したときのことである。だが、ジャキは、初回は別としてほかは三度目の、生後一年半の全盲の男児の視力が彼の見ている前でにわかに回復したときのことしか述べていない（それも「奇跡的な治癒を〔初回と合わせて〕二度も目撃した」「カレルは奇跡をひとつのみならず、ふたつもルルドで実見した唯一のノーベル受賞者」という表現で）。

ジャン＝ジャック・アンチエ『カレル　この未知なる人』（中條忍訳、一一〇ページ）[*7]によれば、カレルは一九〇九年の二度目にも、股関節に生じた三つの瘻孔のうち一つはルルドに来てから治った状況の患者の残りの二つが眼前で「一瞬にして」閉塞し、治癒してゆくありさまを述べている――「二つの傷口が青白くなり、まるで周辺の健康な部分が中心に向かって滑り込んで行くように各々の傷口が塞がる」。かつて「きみに断言するが、傷がひとつでもふさがって、治るのを実際にこの目で見ることがあれば、熱烈な信者になるか、気がおかしくなるかのどちらかだ」とA・Bに揚言した（五七ページ）とおりのことが起こったのだ。

ジャキが瘻孔消滅の奇跡に触れなかった理由は不明だが、米国から毎年のようにルルドを訪れたカレルの内心はどう解すべきだろうか——三度もその現場に立ち会いながら、彼は医学者として奇跡的な治癒の起こるメカニズムを解明できず、神秘的な物ごとの存在にますます確信を深める結果となったにちがいない。むしろ、それを求めてルルド通いをしたと言っていいだろう。なお、ここで筆者が「神秘的」というのは、「なぞめいた、あやしげな」といったことでなく、直覚、洞察などの主観的な判断で絶対者ないしは神を感じ取らせられる状況、という倫理的な意味と理解いただきたい。

彼のルルド体験は、信仰を放棄していた科学者の回心というよりは、ひそかに期待していたマリ・フェランの治癒という現場に居合わせたことで、彼の隠れていた素朴な信仰が表に出た物語と解したほうがいいのではなかろうか。それをあからさまに述べる立場になかった若輩のカレルには小説手法を用いるほかなく、しかも書いたものを死ぬまで公表できなかった、と解したい。

これは科学と宗教というジャキの専門分野に関わることであるだけに、見解を明らかにしておいてもらいたかった、という思いに駆られる。

つぎに、ジャキのいわば書きすぎのほうだが、カレルが観察データをすべて記さなかったのは不十分という指摘はむりな注文ということだ。カレルは医学リポートを書いたわけでない。これはジャキのように医学検査所で記録を精査しないかぎりけりがつかない問題で、しかも目視と触診にしか頼れなかった当時の技術では、所詮『ルルドへの旅』の文章を大きく超えることは望めない。データが載っていても体験の感動性に関わるものではなく、彼自身が「〔データのない叙述が感動的〕だからこそ」と言うように、かえって感動を削ぐといえなくもない。ジャキ論文のこの部分は舌足らずなのか、さもなければ不毛の議論のように思われる。

ジャキの論評（二）

ＦＩＡＭＣ発表所論のほうは紙数も多く、何が起こったのかという題名以上に示唆に富む問題を多く含んでいるようだ。

論文の後半は、奇跡をどうとらえるかをカトリックの立場から語ることに重点が置かれている。ジャキはまず、カトリック信仰の中核は、イエスの名のもとに教えを説くために教会があり、したがって誤謬は許されないという考えだという前提を述べる。そして、「無謬の教えの一部をなすのが過去、現在、未来における奇跡の存在であり、それは教会が、超自然的事実、つまり人類に対する神の現れという事実の永続的な具現であるためだ。神の現れとは、神がみずからのあり方そのものを人とともにすることであり、ゆえに最重要事でなければならない。奇跡は、そういった神の超自然力のもっとも具体的なしるしなのだ」とする。

カレルは、マリ・フェランに生じたことが医学の枠をはるかに超えると知ったが、さりとて単なる自然力以上のなにかが作用してマリに突然の平癒をもたらしたとも信じられなかった。ルルドへ何度も行ったのは、より多くの、より迅速な治癒例〔「二、三秒か二、三分か、遅くとも二、三時間以内に」〕を見たかったためだ。彼は、奇跡的な治癒をもたらし、「祈り」の力を通じてそれを可能とする純粋な自然力を一瞥できるかと思った。祈りを、まったく自然の心霊力と受けとめたのだ。

ジャキは、その証拠が『人間』にあると言う。それは、つぎのようなカレルの言葉を指すと思われる――

「〔奇蹟による治癒は〕われわれの知らない肉体的、精神的過程が存在することを証明している。それは、祈りのようなある神秘的な状態が、明確な効果を持つことを示している。それは厳然たる紛れもない事実で、是非考えてみなければならない。〔…〕科学は現実の全領域を探究しなければならない。〔…〕私はこの研究を一九〇二年に始めている〔…〕」（『人間』一八八ページ）

「解剖学的な損傷の瘢痕化する速度が、普通の場合よりずっと速いことは確かである。この現象が起こるのに欠かせない条件としては、祈りがあるだけである。しかし、患者自身が祈る必要はないし、宗教的信仰を持つ必要さえない。その病人のまわりの誰かが祈りの状態になるだけで十分である。この事実には深い意味がある。それは、心理的な働きと肉体の働きの間には、まだ本質が分からないある関係が現実に存在することを示している」（一八九～一九〇ページ）

ジャキは、天国でカレルはマリ・フェランと楽しい会話を交わしたはずだと述べ、彼女がカレルを引き揚げた紐《ひも》の本質は奇跡的な治癒を果たした力だとする。その力は素粒子論の「ひも理論」とはまったく無関係だと物理学者らしい冗談を言ったうえで、それが超自然的なものの力であると結論づけた。

最後に、ジャキはカトリック教会の奇跡の取り扱いについて述べる。

教会は、既述のような立場から、奇跡の認定にはひときわ慎重にならざるを得ないが、とりわけ、列福、列聖の手続きのうち、承認の要件のひとつに候補者の「とりなし」（人のためにする神への祈り）による少なくとも一件の奇跡的治癒の存在があることをジャキは挙げる。したがって、奇跡の認定には、教会の不可謬性そのものが懸かっている。

そこまですることによって、カトリック教会は、先述したような奇跡が具体的で触知可能なしるしである神の超自然的な力を重視しているのだ、と言う。

ジャキは、その一例となる実話を述べている。列福、列聖の際に教会が急速な治癒を奇跡と誤認したときはどうなるかという疑問を持った英国人のある貴族がローマに来て、教皇庁の一高位聖職者と面談した。かねて礼部聖省[*8]に提出されていた分厚い一件書類《ドッシア》を貸与された貴族は、内容を熟読したあと、まさしく奇跡にちがいないと解し、その旨を伝えて書類を返却した。受けとった相手は、冷たく笑ってこう答えた――「その案件は否認ずみです」。この聖職者が、プロスペロ・ランベルティーニ、つまりインドや中国での宣教で筋を通した結果、布教実績の落ち込みを招いた、また数々の重要なカトリック教会の改革に取り組んだのちの教皇、ベネディクト十四世（在位一七四〇〜五八）だった。

肝心のマリ・フェランの治癒だが、これは奇跡と認められなかった。ルールとして、ルルド医学検査所での度重なる検討のあと、パリの国際委員会[*9]に諮《はか》られたが、一九六四年になって奇跡的な性格は否定された。カレルが見た乳児の視力回復のほうは、その審査を求められもしなかったらしい。

ジャキは、一九九五年にロックフェラー医学研究所の後身、ロックフェラー大学でカレルについて講演をしたときのことを語っている。質疑応答になって、多くの場合と同様、本質を離れた質問を手際よくさばいていた彼は、ある出席者——むろん医師だが——が投げかけた、「マリ・フェランは妊娠していたのではないか」という反論に絶句したという。出産も流産もしていないのにマリの腹部が目前で縮小した事実を知らなかったらしい医師の無知に愛想が尽きたためか、ほかの理由があったのか、ジャキは明らかにしていないが、疑似妊娠（想像妊娠）ではという問いであったならば、言葉を失いはしなかったと言う。ただ、疑似妊娠があのような症状を示すわけがないということか、逆に、疑似妊娠であればカレルがくどいほど述べた、神経性のものとしてルルドでなら治癒するかもしれないということか、あるいはほかにも考えられるのか、そのあたりは明確に語ってはいない。

それにしても、カレルをはじめ、多数の医師全員が誤診するなどということがあり得ようか？　X線の発見（一八九五年）からまだ数年という当時、その医療への応用は遠い先のことで、マリ・フェランの診断でもカレルは触診にのみ頼っている。しかし、あらゆる点から見て、カレルを含む医師の誤診は考えられないことだった。

そのうえで、ジャキは、マリを診断した何人もの医師が疑似妊娠の可能性を考慮しなかったことが、医学検査所の国際委員会で彼女のケースが説明不能と認められなかった理由でないかと推察している。

このように、彼のFIAMC論文は、別人によるカレルのルルド体験理解を批判することから始まって、カトリック信者が絶対少数派である米国でカトリック教会の厳正さ、峻烈さを主張することで護教的役割を果たしたものと言える。先に触れた、カレル没後五十年記念論文の結語と合わせ読めば、その感はより深まるだろう。

ジャキは、前記の質疑問題にからめて、奇跡を認めるには「身体的触診だけでなく、心霊的な触診が必要」と述べて結論としている。

奇跡性否定の意味

さて、マリの治癒の奇跡性が否認されたのであれば、カレルの死後二十年後のこととはいえ、彼の心情との関係をどう見るべきかを考えざるをえない。

英国のジョン・トゥレイナーと、フランスのガブリエル・ガルガムの例がある。

アイルランド出身でリヴァプールに住んでいたトゥレイナーは、第一次大戦に海兵隊員として従軍し、一九一四年にベルギーで、翌年にダルダネルズとエジプトで、頭から足まで六か所を超す重傷を負い、帰国はしたが生きているのがふしぎな状態だった。政府から戦傷廃疾者年金の満額を受領していたが、家計はきわめて苦しく、一九二三年に周囲の反対を押し切ってルルドに行ったときも、一三ポンドの旅費は自分がそれだけ持つ現金一ポンドと妻が持ち物や家財を処分して得た一二ポンドでようやく賄った。ルルドでは、六日間に九度の水浴を経て、それぞれ別個の症状（すべて外科的で、カレルのいう「器質性」のもの）が一挙にすべて快癒し、帰国後は石炭運送業者として一人前以上に行動した。人も雇ったが、彼自身、重量九〇キロの石炭袋を担うことができる体力を維持した。一九二六年には医学検査所の最終報告が出て「自然力が絶対的におよばない治癒」と査定されたが、「奇跡」には認定されなかった。一九四三年、彼は既往症とは無関係のヘルニアで死去した。

ガルガムは郵便職員で、一八九九年にボルドーからパリに向かうオルレアン鉄道（一八四〇年営業開始の私鉄。一九三八年にフランス国鉄に統合）の時速八〇キロで走行中の車内で郵便物を仕分け中のところ衝突事故に遭い、下半身麻痺に陥った。鉄道を告訴し、初審も控訴審も勝訴して相当額の年金と一時金を勝ち取った。少年時代以後、信仰を捨てていた彼だが、一九〇一年に母親の懇望でルルドを訪れた初日に、内心に変化があって罪を告白し、聖体拝領に与った。その午後に水浴をすると症状はかえって悪化した。ところが死亡したと思われてホテルに向かう途中、聖体捧持の行列に出会って瞬時に治癒が生じて体を起こし、「歩ける」と叫んだ。事故以来、初めて口にした言葉だった。

同年、医学検査所のボワサリーと医師団は「治癒の性質は説明不可能」とする報告書を出したが、トゥレイナーと同様、「奇跡」とは認められなかった。

ガルガムは信仰を回復し、もともと敬虔なカトリック信者だったトゥレイナーと同じく、生涯を通じて年の相当期間をルルドで病者の担架搬送に充てて過ごし、一九五三年に死去した。

二人のあいだで対応が異なるのは、トゥレイナーの場合、英国政府は医学検査所の結論には関知しないとの方針に徹し、当初の見解、つまり戦傷廃疾者としての扱いを変えなかったのに対し、ガルガムは鉄道と裁判で争って獲得した賠償金の受け取りを正常な生活に戻ったときに自発的に辞退し、鉄道側も応じたことだ。

マリ・フェランの場合は、金銭的な問題がないという点を除くと、この二件と似通った面が多い。むしろ、ルルドの治癒にはこの種の話が通有といえるかもしれないが、多くの場合との決定的なちがいは、カレルという医学者の存在である。カレルが治癒に欠かせない条件としたのは、前述のように「祈りがあるだけ」だった。病人がすべて期待する水浴は、『ルルドへの旅』でカレルは再度にわたって（九一、九五ページ）その効果を疑問視しているが、そのとおりとすると、まだ「祈りがあるだけ」という信念には到達していなかったのだ。

祈ったのはマリの場合、まずはマドモワゼル・ド・Oで、『ルルドへの旅』には洞窟の前で祈る彼女の姿が二度も描かれている。カレルも、マリの治癒を見る前と後に祈ったが、初めのときは自分でその気持を押しやっている。知人が総出でルルド訪問に反対した前述の二者では、祈ったのは妻と母親以外にいそうもないが、マリは修道女、二人の男は担架運びのボランティアというきびしい道を選んで治癒の恵みに報いている。ガルガムについては、信仰への回心と症状の消滅という「二重の治癒」を得たとも言われている。

いずれにせよ、彼ら三人にとって、むしろルルドを訪れたあらゆる病人にとって、第一義的なことは治癒の事実であって、医学検査所や国際委員会の「医学的に説明不能」という結論ではない。しかし、カレルにとっては事情が異なる。さしあたり、同一の観点だが便宜上ふたつに分けて考えてみよう。

まず、ルルドに来るまでのカレルには、「医学的に説明不能」ということに我慢がならなかった。むろん、未知の科学的法則が将来は明らかになることは予測できたので、それも含めてだが、科学的な探求の前に「説明不能」があってはならないという考えが優先していたことはくどいほど語られている。そのうえでのマリ・フェランの「奇跡」であり、やがてガルガムのときと同じようにカレルの回心につながる。

それが、死後二十年とはいえ、国際委員会は「説明不能」の確定作業を続ける必要がない、少なくとも「説明不能」とする根拠が足りない、と判定したのだ。カレルは七十一歳で死亡したが、生来の活力を思えば、あと二十年くらいの存命はおおいにありうる。その場合に、自分が信じた治癒の奇跡性が、マリ本人を見たわけではない後輩医学者の書類審査によって否定されたと知れば、どう思うか、ということだ。少なくとも、マリの迅速な治癒を見て混乱した彼は、再度の混乱を来たすことになり、国際委員会に不信の念を抱くだろう。しかし、第二次大戦後の飛躍的な医学の進歩による患者の減少と委員会側の学識の向上によって、疾病の再発がないことの確認のために審査には最低五年を要し、事実として「説明不能」は適用されにくくなったというほかないだろう。


つぎに、カレルは、先に引用した言葉に関連して、「祈りとは、〔…〕神秘的な高揚として、つまり、この世に浸透しながらも超越している一つの原理をじっと観想しつつ意識を没入させることとして理解しなければならない」と言う（『人間』一八七ページ）。

それは一九三五年のことだったが、一九四四年初め、つまり死の十か月ほど前にカレルが書いたエッセイ『祈り』（中村弓子訳。『ルルドへの旅・祈り』所載）では、彼はこのように述べる——

「祈るには、ただ神のほうに向う努力をすればよいのである。この努力は知的なものではなく情感的なものでなくてはならない」。「結局のところ、神は人間に耳を傾け、人間に答えていると思われる」。「人間が神のもとに赴くのも、神が人間のうちに入られるのも祈りによってである。祈ることは我われに最も相応しい発達に欠かせないものと思われる」

このエッセイは、カレルが生涯を費やしてたどりついた、人間の精神領域のひとつについての結論だろう。カレルは、その十年前の『人間』で言ったように、人間の精神活動としての「祈り」についても考えを巡らせつづけたはずで、これがその終着点と思われる。そこには、内心はともかく『ルルドへの旅』であれほど神の存在を疑問視し、不自然なことへの科学的探究を説いたのと同一人物の論とは思われないほどの差があり、それを作り出したのはひとえにルルドでの体験だった。

したがって、存命であったならの話だが、さらに二〇年後に国際委員会がマリの治癒を「説明不能」としなかったことは、心外きわまることだったにちがいない。その理由が何であれ、たとえばジャキの推定のようにただ疑似妊娠を考慮しなかったといった「証拠不十分」の結果だったとしても、カレルは納得しかねたにちがいない。

カレルは、『人間』に「宗教活動について」という短い一節（一七三〜一七六ページ）を設けたほか、随所で現代人の心が物に対して敗退していることを指弾している。それが、人間のあらゆる面を考察した同書の基本的立場（純粋に医学的な部分は別にして）である。しかし、そこでは、「宗教活動としては、キリスト教の神秘主義が最高の形を構成している」としつつも、カレル自身の信仰への具体的な姿勢は語られていない。著作の性格もあろうが、彼の信仰はまだ完全には固まる途次にあったと見ることができよう。それが、最晩年の『祈り』にいたって、疑問の余地のない高次元のものに昇華されたと思われる。

ジャキは、記念論文のなかで、「カレルは純粋に敬虔なカトリック信者として死去した」と述べているが、その遍歴のいかに遠く、かつ起伏に満ちていたかを思えば、驚くほかはない。

＊1　Virgilia Peterson については「あとがき」で説明する。

＊2　ジャキが医学検査所で調べた結果は、彼自身の文献刊行所 Real View Books, Fraser, MIから出した *The Voyage to Lourdes* リプリント版の解説に詳述されているとのことだが、筆者は入手できず、未見。ただし、後述（注＊7）するアンチエの著書にその主要部分が引用されているので（七二〜七四ページ）、知ることができる。

＊3　一九〇二年六月十日づけ。Une guérison à Lourdes（「ルルドにおける一治癒」）と題して、「マドモワゼル・X」の匿名でマリの発言を報道。

＊4　対するカレルの反論は、後述するレッジアーニ（解題注＊12で紹介）の引用によれば「五月二十六日午後一時に重篤の症状だった娘が、午後七時には平癒して今日にいたっているという以外に確実なことはない。ほかはすべて不明瞭で、現在のところ病気の真の性質はまったく決定不能である。貴紙のような結論をあの〔マリの〕言葉から引き出すことはできない」（AHR18）。新聞では日付を実際より二日繰り上げている。旅行の年月日のずれについては、ジャキのコメントはない。

＊5　Ile de St. Gildas. サン・ジルダはブリテンから渡ってきたと伝えられる六世紀の聖者。半島南岸に一〇二五年再建の僧院教会堂がある「サン・ジルダ・ド・リュイス」に対し、カレルが買い取ったほうは「アルモル海岸の（あるいは「北海岸」の）サ

ン・ジルダ」と呼ばれる（アルモルはブルターニュ半島の古代ラテン語名「アルモニカ」より）。

＊6　Man, The Unknown, 1935. 渡部昇一訳『人間――この未知なるもの』（三笠書房、一九九二年刊）は大著の仏語原典 *L'Homme — cet Inconnu* の英語版（一九三五年刊）を底本とし、訳者によれば同書には「生理学的部分と哲学的部分があるが、本書ではその哲学的部分が主である」。また「フランス語版にあって英語版にない場合で、しかも重要だと思われる場合は、カギ括弧でフランス語版だけにある表現を補っておいた」。一三〇ページで引用する前半はその括弧部分である。以下、本書での引用は『人間』とする。

＊7　Jean-Jacques Antier, *CARREL cet inconnu*,1974. 中條忍訳『カレル　この未知なる人』（春秋社、一九八二年刊）、以下「アンチエ」

＊8　Sacred Congregation of Rites. 一五八八～一九六九年に存在。組織改革を経て、現在の典礼秘跡省 Congregation for Divine Worship and the Discipline of the Sacraments になる。

＊9　C.M.I.L.（Comité Médical International de Lourdes/The International Medical Committee of Lourdes）医学検査所は一九〇五年に教皇ピウス十世の指示により現行の形に改組されたあと、一九五四年には上部組織の委員会を医師団の国籍、宗派と

もに国際化。年に一度の会合で治癒が医学的に説明不能かどうかを医師の多数決で決めるが「奇跡」の認定には関わらない。結論には作業中止（＝「説明不能」を否認）、保留、説明不能（＝「説明不能」を認定）の三種があり、説明不能の場合、当該司教区の司教に報知され、以後は教会内の手続き（列福の場合など）が進行する。ベルナデットに聖母が出現した一八五八年以来、超自然的な治癒は約七千件あり、うち認定されたのは現在までに六九件で、内容は公開されている。http://en.lourdesfrance.org>deepen>cures and miracles ほか。六九番目は一九四六年生まれのイタリア人主婦の進行した高血圧症による複雑な症候で、八九年の水浴で即座に完治したことが二〇一三年に説明不能と認定された。以下のアドレスに経過の詳細があり、現所長による英語の証言も聴取できる。http://en.lourdes-france.org/deepen/cures-and-miracles

アレクシー・カレルの生涯と業績

カレル（正式にはアレクシー＝マリ＝ジョゼフ＝オギュスト・カレル）の伝記的事項につ

いてはわが国でもいくつかの機会に報じられていて、『人間』には訳者渡部昇一氏による要を得た記述がある。ただ、いずれもごく簡単なもので、比較的長文の渡部氏の場合でも文庫本で五ページにすぎない。長ければいいというものではないが、一筋縄ではいかない人物の場合、一定の分量が必要にならざるをえない。ここでは、筆者の理解する、またほかではあまり語られていないところを近年の資料による知見を含めて述べておこう。

出自と教育

カレルは、本文注＊21（一〇四ページ）でふれたように一八七三年六月二十八日に織物業とぶどう栽培を営む父アレクシー・カレル＝ビリヤールと母アン＝マリ・リカールの長男としてリヨン西郊のサント・フワ＝レ＝リヨンに生まれた。古来リヨンは絹織物の産地だったこともあり、生家は富裕で敬虔なローマカトリックの家系だった。五歳のときに父が死亡し、母に育てられたが、子供のときから手先が器用で、鳥の解剖や化学に関心が高かったという。

地元のイエズス会のサン・ジョゼフ校とリセ・サン・マルクに通学し、大学入学資《バカロ》格試験《レア》に合格後リヨン大学に進み、一八八九年と九〇年に文・理それぞれの学士号を得ている。早熟な秀才ということになろう。同大学メディカルスクール（フランスで最高レベルのひとつ）を出て、外科医として一年間の軍役に服したのち、著名な解剖学者レオ・テストゥのもとで学び、一九〇〇年には博士号を取得した。そしてリヨンの病院で研修を続けるほか、大学の解剖学教室で解剖実習助手を務めた。

その間、一八九四年に遭遇した大統領サディ・カルノーの刺殺事件（拳銃によるとする文献は誤り）は先に述べたが、カレルの一生に決定的な影響を与えるものだった。

彼には、カルノーは死ななくてもよかったはずという思いがあった。短刀で切断された動脈の吻合ができなかった当時に、彼は、極細の針とゼリー状のパラフィンで加工した絹糸を用い、血管にワイシャツのカフスのような折り返しを作ることによって、血管の内側以外に血液を触れさせることなく、また凝血や細菌の感染を起こすことなく、切断個所の「カフス」どうしをつなぐという驚異的な技術を開発した。生来の器用さに加えて、リヨンのお針子や刺繡女に教わった技術が物を言ったという。

縫い目をどちらの面にも出さずに紙を縫い合わすこともできたといわれ、一学生としては信じられないような腕前だった。のち、ニューヨークでのことだが、生後三日の女の新生児が大量出血（ビタミンK欠乏による新生児メレナ）で瀕死状態になったとき、深夜に医療かばんひとつで駆けつけた――ニューヨーク州の医師免許すら未取得――カレルは、自身もコロンビア大学メディカルスクール教授だった父親の腕の動脈を子の膝の裏の静脈につないで直接輸血を行ない、子の命を救っている。

この成功にもかかわらず、それを『リヨン・メディカル』誌に発表した一九〇二年に、カレルがルルドを訪問したことが合理性信奉一辺倒のリヨン医学界に強烈な衝撃を与えて、彼は大学に将来性を持てなくなる。病院勤務医の資格試験は何度受けても不合格だった。縁故関係がなかった（師匠《メンター》をもたなかった）とか周囲順応型の気質でなかったとかいわれるが、性格に宗教性が見られたためではないかと思われる。カトリックの影響が強く、無神論に近い立場での言説を主張する自然科学者が排斥されるということならわかるが、教会の存在が大きいリヨン（二世紀以来の歴史と現在でも百万人のカトリック人口を持ち、枢機卿が長を務める大司教座を擁する）にありながら彼の場合はその正反対だった。なにしろ、いわゆるライシテ（政教分離思想）の昂進の末、一九〇三年にフランス政府はカトリック系の一万何千校かを閉鎖し、翌年にはヴァチカンとの国交断絶にまでいたっている（二一年に回復）。「第三共和政の立法府は、実証主義で、強硬な反教権的な医師だらけだった」（ニューヨーク大学のフランス史学者レボヴィッチ教授の後述レッジアーニ著書への序文）という状況を理解するのは容易でない。

ルルド訪問の意味は前章で述べたとおりだが、伝記辞典類ではかなり詳細なものでも医学上の業績を中心に述べて、ルルド訪問にひとことも触れないものが多い。人に秘めた恋愛などと同じように、信仰にからむ体験を心の問題として公けには論じないとするには、彼の場合にルルドは大きすぎる事柄であることを付言しておきたい。

米国へ

パリでしばらく研究をつづけたあとで、彼はカナダで牧畜業を営むことにして（ほかにも植民地の医師になるとか、ニカラグアの革命参加とか、さまざまな考えを弄《もてあそ》んだという）、一九〇四年にモントリオールへ渡った。その間の内心の葛藤はただならぬものがあったはずだが、実情は審《つまび》らかでない。

しかし彼は、フランス系カナダ人のコミュニティになじめなかったし、医学上のレベルも設備も満足できなかった。彼には、フランス的なあらゆるものが因循姑息に思われた。たまたま着いた年に行われたフランス語による学会で彼の技術に注目したイリノイ大学の病理学教授カール・ベック——プラハ出身でドイツ語、フランス語に堪能——に招かれたカレルは、一も二もなく米国に行く決心をして、イリノイ大学（シカゴ）に移った。したがって、ベックが彼を見出した最初の米国人ということなる。

その前に、カレルはモントリオールからヴァンクーヴァーへ、南下してサンフランシスコとロスアンジェルスへ、そしてシカゴに着いている。これで彼は北米とはどういうところかを車窓から頭に入れたのだが、逆にそれ以外の大きな旅行はしていない（彼は自動車の運転試験に通らず、車を持っていても妻がいないときには行動の自由がなかった）。ついでながら、のちのニューヨークでの彼の日常はストイックそのもので、すべては研究だけのためにあった。ホテルあるいは質素なアパートに住み、社交や娯楽とはまったく無縁で、来客と食事をする必要があれば自分の属するクラブで済ませていた。研究室内の反射を防ぐために後ろで留める黒いフードと黒衣をまとったグループの写真があるが、ベネディクト会修道士《ブラック・モンク》の集団といった感じで、異様な印象を受ける。『人間』が書かれたのはそうした生活でのことだった。

ただ、イリノイ大学にいたのは三か月だけだった。カレルのことがシカゴ大学の生理学教授ジョージ・スチュワートの目に留まり、引き抜かれた彼は、一九〇四〜〇六年の二十一か月間、同大学ハル生物学研究所のスチュワートのもとで助手を務めた。

当時の彼の研究はきわめて充実していて、この期間に三十三本の論文を発表したという。それには、「現在の臓器移植の基礎をなす、血管の縫合、切断された四肢の再接着、イヌ、ネコにおける肝臓、心臓を含む器官の移植といった技術」が含まれる。[*10] しかし、移植に伴う拒絶反応は避けられなかった。カレルが「人間の臓器移植問題は解決した」

と言明したのは、後年、同大学のマーク・シーグラー教授（内科、医療倫理）に「いかにもシカゴ式」と揶揄《やゆ》されることになる、先駆者の陥る早まった結論だった。[*11]

カレルは、このシカゴ時代の精力的な研究、つまり「血管縫合と臓器移植に対する業績」に対して、三十九歳の若さで一九一二年度ノーベル生理学・医学賞を受賞した。

カレルとまったく同じテーマを追ってハルでの研究を支えた同僚、生理学者チャールズ・ガスリー（のちワシントン大学、ピッツバーグ大学教授。一九〇八年に切り取った犬の頭部を別の犬の首に、それも下向きに移植して異様な「双頭の犬」を創ったことで知られる。一八八〇～一九六三）は触れておくべきだろう。二人の共同研究の成果を一九〇六年にジョンズ・ホプキンズ大学（ボルティモア）で説明したとき、カレルはガスリーの功績に言及もしなかった。苦情を受けたカレルは謝罪したものの関係は冷え切り、やがて絶交にいたるが、学界の見方は両派に分かれたあげく、カレルが獲得したノーベル賞にはガスリーの名は記されなかった。[*12] なお、「米国初のノーベル生理学・医学賞――ガスリーとカレルの物語」[*13]の共著者、スティーヴンソンとキンプトンは、ガスリーが受賞すべきだった、ただガスリーの頭部移植実験で彼は候補資格を失っただろうと述べているという。また、シカゴではカレルはガスリーの助手的立場だったとし、カレルが脚光を浴びることを求め、かつ巧みだったことを証拠とともに明らかにしているらしい。筆者は未見だが、この指摘は、ほかの例からも首肯できる彼の一面のように思われる。

一九〇六年、カレルはロックフェラー医学研究所に移った。同研究所は一九〇一年にロックフェラー（父）によって創設されたばかりで、ペンシルヴァニア大学から移籍した初代所長サイモン・フレクスナーが優れた研究者を集めていた。野口英世をペンシルヴァニア大学とコペンハーゲンの血清研究所に学ばせたうえで、一九〇四年に研究助手に採用したのも彼である。野口は数名の当初メンバーの一人で、その意味では三歳年長のカレルのほうが後輩だが、分野は違ってもいつも切磋《せっさ》し合っていたといわれる。カレル自身は、こう言っている――「ここで私は、メルツァ（サミュエル、生理学、麻酔学）やジャック・レーブ（生理学）、野口英世やその他の偉大な専門家たちが生命のいろいろな現象を分析している間、それらを考察してきた」（『人間』三二ページ）。「フレクスナーは、この広い範囲（「分子の構造から人体の構造にいたるまで、生命のあるものすべて」）にわたる研究全体を組織するにあたって、その研究所員たちに研究計画を全く押しつけなかった。彼は種々の分野の探求のために、生まれつきそれに向いた素質のある科学者を選び出すことで満足した」（同三三二ページ）。

この時期にカレルが同研究所に迎えられたのは、きわめて時宜を得たことだった。当時の米国の医学は欧州、とくにドイツのそれに比べてあらゆる点で非常に劣っていたのを、ジョンズ・ホプキンズ大学の細菌学者、ウィリアム・ウェルチがドイツに学んで、大学、研究所、附属病院の有機的な連携が期待される、ほとんど全米的と言っていい大改革をなしとげたところだったためだ。ロックフェラー研は創設以来そのウェルチが学術面の責任者を務めていて、カレルに与えられたのは、理想的な研究環境だった。彼は、同研究所に加わるすぐ前に、ハーヴァード大学メディカルスクールからも声がかかりかけていた。ところが、ハーヴァードの選考委員会で、彼は「きわめて腕のいい縫い師《エキスパート・ソウアー》にすぎない」と評価されて、話は流れたという。たしかに、病理学者や細菌学者から見ればそういう面はあっただろう。

カレルは〇九年にフェロー、一二年に正メンバー、三九年に退職して名誉メンバーとなるまで、基本的には同研究所でシカゴからの研究を継続、展開させている。世間的にもっともよく知られるのは、カエルの神経細胞を試験管内で培養したイェール大学のハリソン教授のあとを追って、温血動物の細胞の体外培養に成功し、それを立証するためにニワトリの卵から取った胚の心臓組織をパイレックスの密閉容器で無期限に生かす実験を行なったことだ。それは一九一二年の開始からカレルの死後も助手が面倒を見た結果、三十四年間生存した。しろうとの筆者が詳細を述べることは控えたいが、六一年にウィスター研究所（フィラデルフィア）のレナード・ヘイフリックが、細胞分裂は無限に続くものでなく、一定の回数を限度として死滅する事実を確認したことで、カレルの実験は彼が気づかなかった手法上のミスによることが明らかになった。しかし、当時、実験は「永遠の生」につながるものと信じられて、非常な評判となった。

一九一三年に、カレルは熱心なカトリック信者だったアン＝マリ＝ロール・グルレ・ド・ラ・モットとパリで結婚した。知り合ったのは三度目のルルド訪問中で、彼女は全盲の子が視力を得たとき、マリ・フェランの場合のマドモワゼル・ド・Oのようにその子の付き添い看護婦として来ていたのである。カレルにとっては、生涯でただ一度の、「男が女を見る目で彼女を見た」（アンチエ、一二四ページ）機会だった。リヨン大学時代からカレルの実験助手をしていたとする文献があるが、第一次大戦中の野戦病院との混同ではないだろうか。

アンは一児のあるアンリ・ド・ラ・メリ未亡人で、亡夫は侯爵家に生まれ、サン・シール士官学校を出た職業軍人だった。アンの実家もプレセ（ロワール・アトランティク県）の旧貴族で、祖父はナポレオンに取り立てられている。写真で見ると、アンは短軀（一六七センチ）のカレルよりもかなり長身のようだ。前述のように、テレパシーや透視の能力者といわれる、勘の鋭い人だったらしい。しかし米国になじめず、つぎに述べる第一次大戦従軍とサン・ジルダ以外は別居が常態だった。夫の死後は遺著の刊行にあたったほか、一九五〇年代に子息が牧場を営むアルゼンチンに移住して七十歳を超えて看護師の仕事と夫の考え方を現地のカトリック医師むけに広める活動を行なっている。晩年はラ・クンブレシータ（ブエノス・アイレス西北方、コルドバ州）に居住し、一九六八年、九十一歳で死去した。カレルとの間に子はない（一九一四年八月、大戦勃発直後に米国から帰仏中の夫人が蜂に刺され、妊娠中だったが激しいアレルギーで流産）。

アレクシー・カレルと妻アン（左）

サン・ジルダ島

第一次大戦の勃発とともにカレルは帰国し、少佐の肩書でフランス陸軍軍医隊に所属して前線に近いコンピエーニュの臨時病院に勤務した（妻も看護師として同行）。当時の業績に挙げられるのは英国の生化学者ヘンリー・デイキンとの共同で傷口を洗浄する消毒液、

「カレル＝デイキン法」を開発したことだ。泥沼の塹壕戦と化した西部戦線は衛生状態が最悪で、細菌の感染が著しく危険だった。これで非常に多数の傷病兵の生命が救われたが、薬剤の不安定な性質と取り扱いが面倒なために、いずれは新しく開発された抗生物質が取って代わることになる。

一九二二年に、カレルはノーベル賞の賞金でブルターニュの西北のサン・ジルダ島を買い取り、夫妻で夏をそこで過ごした。二四ヘクタールというわびしい小島で、英国のプリマスあたりとは二百キロも離れているかどうかというところである。ブルターニュには、サン・ジルダの名を冠した地名が散在する。カレルの住まいの中庭にも、サン・ジルダが建てたといわれる祈禱所が残っていた（アンチエ一五六）。

リンドバーグとの親交

そのころ、カレルは臓器そのものの培養を考えていたが、培養液を循環させる有効な装置がなく、行き悩んでいた。その開発に力を貸したのが、たまたま知り合ったチャールズ・リンドバーグ（一九二七年、大西洋単独無着陸横断飛行に成功）だった。

きっかけは一九三〇年にリンドバーグの義姉妹エリザベスが心臓病を患い、手術ができずに死亡したことで、器官血液の体外灌流に関心を持った彼はロックフェラー研を訪れてカレルと懇意になった。たまたま三二年にリンドバーグの生後二十か月の長男が誘拐、殺害された事件（犯人は逮捕、死刑）は米国の国民的英雄に対する世間の耳目に大きな衝撃を与えたため、三五年末に彼はひそかに英国に移って身を隠したのち、カレルの薦めでサン・ジルダの隣で干潮時には歩いて渡れる面積一・六ヘクタールの小島、イエックを買って住み、以後夏ごとに訪れてはカレルとの親交を深めた。

ウィスコンシン大学で機械工学を学びながら卒業できなかったリンドバーグだが、カレルの使っていた設備の粗末なことに驚き、生来の技術屋気質から黙視できず、製作を考える。そして三五年に、彼はガラス製の灌流ポンプを完成した。この結果、カレルが甲状腺、肝臓といった臓器を体外で数日間から数週間にわたって機能させておくことに成功したのは特筆されることだった。まだ不完全なものだったが、将来の人工心肺の原型は二人のこのような協力の成果である。

カレルの専門書分野での主著とされる『器官の培養』（*The Culture of Organs*, 1938）はリンドバーグとの共著で、この間のことが詳述されているという。ついでながら、本書に訳出した『ルルドへの旅』英訳米国版にはリンドバーグが序文を書いている。本書でそれを割愛したことは「あとがき」で触れるつもりだが、彼がカレルに抱いていた敬意を十分に読み取ることはできよう。事実、彼は一九三七年に知り合った修道士アレクシー・プレス（本書一二四ページ参照）とともに、カレルが心を許して付き合うことのできたきわめてわずかな人の一人だったと思われる。

第二次大戦、帰国

カレルは一九三八年にロックフェラー研究所の定年に達し、翌年六月に退職すると七月に帰国した。カレルよりも年長者がいるのに、彼が六十五歳になるのを待っていたように定年規定を作ったことは、すでに初代所長フレクスナーは退任し次代に移っていたが、カレルには承服しかねるものだった。その九月に第二次大戦が勃発し、翌年五月ドイツ軍がフランスを攻略したとき、帰国していた彼はニューヨークに戻る船上にあった。

四一年二月、彼は、内戦後の疲弊が激しく「非交戦国」だったスペイン、それにフランスに、薬品やミルクなどを届ける米国の児童救済ボランティア団に参加して、中立国のポルトガルを経由してスペイン側からヴィシー（次項参照）に入った。そして、米国でフォード財団やミシガン大学（アナーバー）など多数の賛同を得ながら設立を果たせずにいた「人間研究所」の構想をフランスで実現することに取り掛かる。人脈をたどって、つぎに述べるヴィシー政権の政令が得られた。戦中でも優秀な人材と官僚機構が温存されていたので、多数の一流研究者（当初の常勤三百名）を集めるとともに、巨額の予算措置（四千万フラン。三九年の設立で、現在でも同国最大の基礎研究機関である国立科学研究センターCNRSの予算が五千万フラン）が講じられた。そして「フランス人の保護、改善、発達に資する最適切な方法の研究」という、人間に関する膨大な領域と問題を総合的に扱う「人間問題研究所」（FFEPH）が財務省と保健省の管掌下に創設された。

このきわどい時期に、カレルがどのようにヴィシー政権とこれだけ大がかりで長期的な視野を要するプロジェクトを発足させることができたのか、また政権としても平時ですら容易なことではない決断をなしえたのか、という点だが、それはカレルのフランスの次代を思う情熱と、氏名は略すがそれに賛同する多数の閣僚レベルの有力者がいた、ということに尽きる。

米国は、ドイツがフランスの非占領地域に侵攻を始めた一九四二年十一月までヴィシーと国交を保っていた。それまでに、多数の米仏の友人から米国に戻ることを勧められたカレルだが、「フランスの将来」を第一とした彼は態度を明らかにしなかった。そして、リスボンからニューヨークに帰るクリッパー（パンナム航空の旅客用飛行艇）も予約し、リンドバーグの忠告もあったのに、結局帰米しなかった。彼が半生以上を過ごした米国との縁はこれで終わった。レッジアーニによれば、「四年後の死の瞬間まで、彼が悔いてやまなかった不吉な決心だった」（AHR104／解題注＊12）。

研究所本部は、パリのロックフェラー研内に設けられた。

同研は、理事長のカレルと一部中枢幹部との軋轢《あつれき》を経つつも四三〜四四年にかけていくつかの社会生物学分野での研究結果を完成している。ごく身近なところでは、五十名以上の被用者をもつ雇用主に嘱託医制度の採用を義務づけること、婚前検診の実行、バカロレア受験者に成績簿 le livret scolaire を提出させること、などはヴィシー政府によって法制化された例である。大研究所の業績にしては末梢的に思われるが、いずれもカレルのかねての持論で、国家としては人口政策に通ずる、同研の主要テーマに関わるものだった。成績簿の件は、四三年三月五日の日記で「すべての若者を範疇分けし、各人が占めるべき適当な立場を決定することを可能にする、生理的、知的、精神的側面に関する一覧表をもって、学業修了証明や、大学入学資格証明に代えなければならない」(中村弓子訳)と述べた線まではいかなかったことを推測させる。

初期における内部の混乱のもとは、包括的で漠然としていた研究対象に対して、カレルが目標を明確に示さなかったことにあるようだ。四二年の夏にペタンをヴィシーに訪ねて、現況を報告したときには、研究目的を「児童の健康」「青年男女の発育」「産業衛生」に絞っている。その是正とともに事態は改善されるのだが、他方、カレルは体調がすぐれず、第一線から退く。彼は、四三年のほとんどをサン・ジルダで過ごした。

カレルの伝記には、彼を「フランス系米国人医学者」、あるいは単に「米国の外科医・実験生物学者」とするものもあるが、彼が二度の大戦に際して急きょ帰国したことを見れば、その祖国愛を疑う人はいないだろう。ただ彼は、第一次大戦終結以来の故国の「堕落」「衰退」「破綻」「崩壊」に愛想を尽かしていた。それを、内部から建て直さねば、という強烈な思いがあったことはまちがいない。当時の風潮では、それは必然的に右翼の強権的な考え方、なかんずくファシズムにつながるものだった。

彼は、その意識が皆無だったにもかかわらず、自国のなかから「コラボラショニスト」、つまり「対独協力者」と見られるにいたった。これは「レジスタン」、つまり対独抵抗者の対義語で、大戦中にドイツに協力的、宥和的だった立場を指す。レジスタンから見れば疑問の余地はないが、内容が多岐にわたる、広い概念である。ペタン元帥がそうであるように、普仏戦争、第一次、第二次大戦と三度の対独戦争を経験した世代が共存していたフランスでは、一般の対ドイツ感情が複雑なものだったことは想像に難くない（ペタンが軍人の生涯を選んだのは十四歳で普仏戦争を見たためだった）。

しかし、ヴィシー政権も、ドイツ側の戦況悪化とともに中立などと生易しいことでは済まなくなり、ドイツから人的、物的に非常な負担を強いられる一方だった。ヴィシー政権成立当時のフランス在住ユダヤ人は三五万と見られているが、一九四〇年十月と四一年六月にはユダヤ人排斥法が成立した。ユダヤ人は一目でわかるバッジをつけることを強要されたし、強制収容所もパリ東北のドランシーやスペイン国境近くのグール(ルルドの西方)そのほかに設けられ、相当数のアウシュヴィッツ送りが発生している。レッジアーニの示すドイツ占領下のヨーロッパ諸国における一九四三~四四年の月間食糧配給量は、ドイツの一〇万九五五二カロリー(十四~二十歳)に対し、フランスは四万五一六四カロリー(十三~二十一歳)にすぎず、ほかの諸国も似たような数字である(AHR109)。農業国フランスは、他国とともに飢餓に瀕しつつ、ドイツに食糧を供出していたことが明らかで、その点同じ食糧不足でもわが国とは事情がまったく異なる。コラボラショニスト視は、そういったなかでのカレル観である。

問題は、カレルがもともと持っていた人間観、文明観がナチスドイツの政策に合致したのか、あるいは彼がナチスの考えに追随したのか(逆に、ナチスが自己の権威づけにカレルの著作を利用した場合はあった)という点である。両者が時期的にほぼ一致するために、断定がむずかしい面がある。疑問の余地なく明確に言いうるのは、後述するようにカレルが人間の倫理として自発的な優生学的行動を求めたのに対して、ナチスは優生理論と人種差別を強制したことだ。『人間』が刊行された一九三五年までに人種改良政策に基づいて制定されたナチスドイツの法律、とくにユダヤ人を差別した三五年ニュルンベルク法にいたる人種政策とカレルとの関係を考えるのは、実定法と個人の頭のなかを比較することになる。ただ、よく知られている事実として、カレルが同書の三七年刊ドイツ語版序文にナチスの優生学的政策を称賛する文言を追加したことがある。これは、レッジアーニによれば、ドイツ語版出版社の依頼に応じたもので、依頼文自体もわかっている。カレルが書き足した文章はつぎのとおりだった（ドイツ語文の英訳より）。

「ドイツ政府は、知的・身体的欠陥者、精神病者および犯罪者の増殖防止に精力的な手段を講じてきた。理想的な解決は、こうした個人が危険とわかりしだい、その各人を駆除することであろう」

さらにもうひとつ、レッジアーニはつぎの例を挙げている。『人間』の刊行から二か月後の三五年十二月に、ニューヨーク医学アカデミーの招きで講演したカレルは、「医学的措置による長命策を批判し、それは《死んでいるべき人たちのせいで》文明諸国の負担となっている《死そのもの》よりも、はるかに大きな《惨禍》であるとした。そして、ふつうよりも早期の死は《虚弱者、疾病者および愚鈍者》を排除するので、『文明の建造者』であると称えた」（AHR70）。

レッジアーニは、「ナチスによる人種差別の意味の全貌が知られていなかったときに、『人間』の読者のほとんどが、著者の考え方とヒトラーの政策とを関連づけられなかったことは、ある程度は当然」という（AHR71）。だからといって、報いのないナチスの優生理論が通用するのにカレルが寄与した事実は否定できない、というわけだ。筆者もこれに同意したいが、驚かされるのは、レッジアーニが作成した資料である。

一九〇七〜四一年にデンマーク、エストニア、フィンランド、ドイツ、ノルウェー、スウェーデン、スイス（ヴォー州）、カナダ（二州）、米国（三〇州とプエルト・リコ）で成立した優生学的目的の断種、去勢、妊娠中絶の立法年度一覧表（A）と、一九二九〜五五年の国別（デンマーク、フィンランド、ドイツ、ノルウェー、スウェーデン、米国三一州）の合法的断種例一覧（B）がある（AHR72-73）。米国での違憲問題など、現在では事情が変わっているはずだが、その点は触れられていない。A表からは、二十世紀初頭という古いときから立法が広範囲に行われていたこと、B表からはドイツの三六万件は別格として、米国三万六〇〇〇、スウェーデン一万九六〇〇、ノルウェー三七〇〇、デンマーク三六〇〇、フィンランド一九〇〇という数字が読み取れる。要は、ローマカトリックおよび英国国教会、それに東方正教会の圏内にある各国は当然ながら別として（プエルト・リコは一州とする）、またそれぞれの態様はちがうにしても、欧米各国の多くが優生問題に取り組んでいた背景の根深さである。それなくしてカレルの主張を論じても不毛ではなかろうかと思われるが、これ以上はルルド問題から外れるので深入りを控えたい。

ヴィシー政権

念のため、遠い過去のこととなったヴィシー政権を振り返ってみたい。わずか四年しかもたず、消滅してから七十年以上も経っていまなお評価の揺れる問題であることは承知したうえで、筆者の理解する事実の経過のみごく簡単に述べておこう。

第二次大戦は三九年九月一日のドイツ軍によるポーランド侵攻で始まり、三日に英仏が対独宣戦、以後八か月間にドイツはデンマーク、ノルウェー、ベネルクスを降伏させ、駐留する英仏軍三十四万をダンケルクから海峡を越えて英国に撤退させた。ワルシャワ占領後、ソ連と友好条約を締結してポーランド分割を果たし、東部の懸念を払拭したうえで、ドイツ軍は四〇年五月十日にフランス侵攻を開始した。マジノ線（フランス側の国境要塞線）を迂回、突破して、無防備都市を宣言していたパリを六月十四日に無血占領のうえ、第一次大戦の敗北を見返す形で同じコンピエーニュ（パリの東北方。ジャンヌ・ダルクの故地）でフランスとの停戦協定を締結した。十六日、レノー首相は辞職し、大統領アルベール・ルブランに指名された副首相フィリップ・ペタン元帥が首相に就任して二十二日に対独休戦協定が成立すると、政府はフランス中部のヴィシーに移り、ペタンを元首（主席 Chef）とする「フランス国」（État français）を創設した。大統領ルブランは正式に辞任しないままグルノーブル東南のヴィジーユに避難し（のちドイツに捕えられる）、フランス第三共和政は終焉した。

レノー内閣の国防次官で、軍人としては当時八十四歳のペタンより三十四歳も若い部下だったシャルル・ド・ゴールはその前に英国に逃れ、七月十六日以降、亡命政権「自由フランス」（France Libre）を組織してロンドンからラジオを通じて対独レジスタンスを指導した。

ヴィシー政権は前政権の議員をそのまま引き継いだうえ、四〇年七月十日の選挙で上下院とも三分の二超の多数（欠席者や若干の国外脱出者を投票権者として）でペタンを主席に選び、彼に新憲法の制定権を与えた。憲法草案まではできたが制定にはいたらなかった。

ヴィシーは、形式上は全フランスの民政を担当した。そして、名ばかりとはいえフランスの主権と海外領土のすべて、そしてドイツ占領下におかれたパリを含む北フランス以外、つまり国土の五分の二をドイツ軍の蹂躙から守ったという点で、少なくとも当初は支配域の住民の多くから支持されていた。主要海外領土の場合、アルジェリアほか北アフリカの体制は連合軍の来援に伴いヴィシー政府から逐次ド・ゴール側に移行し、インドシナは形式上ヴィシー政府を宗主として終始日本が管理したが（ヴィシー政権が壊滅した最末期のベトナムは形式上、阮朝の最後の皇帝バオ・ダイの「ベトナム帝国」）、わが国の敗戦とともに消滅した。

シリアでは駐留の仏軍がペタン派、ド・ゴール派に分裂して交戦し、エジプトの英軍がド・ゴール派を支援する事態が見られた。

ヴィシー政府は、一九四一年の米国参戦によって連合軍の反撃が奏功する四四年八月末まで存続したあと、南ドイツのジークマリンゲンに移転した。同政権の承認国では、ドイツ以外は同盟国日本とイタリア両国のみが大使館を随伴させている。だがなすこともなく、四五年四月、ドイツ降伏の直前に自由フランスによって占領された。

同年四月、ペタンはみずから進んでスイスを経て帰国したのち、反逆罪に問われた。

高等法院で一票差の死刑判決を受けたが、高齢と第一次大戦時の功績を勘案した臨時大統領ド・ゴールの判断で終身刑に減刑され、ビスケー湾のイルデュ（ユー島。ほぼナントの沖合）に送られて一九五一年に九十五歳で死去した。元帥の称号は第三共和政議会で成立した個別法で授与されているので司法の権限が及ばず、剝奪されなかった。

コラボラショニストの優生学

このような状況下でカレルが「コラボラショニスト」とみなされることは、間接的ながらすでに『人間』で明らかにしていた見地に照らしても、避けることはできなかった。『人間』で、カレルは主として遺伝の観点から大胆な人間改良論を打ち出している。

「ルネッサンス以来、〔…〕物質が精神から切り離されてしまった」（一五八ページ）

「産業第一主義は、〔…〕知的活動自体を禁じてしまう。現代文明は、物質のために精神を犠牲にするという重大な過ちを犯してしまった」（一七二）

「彼らは〔…〕道徳的観念も美的感覚も、また宗教的感情も持ち合わせない。〔…〕こういう人たちから、知能がいつになっても発達しない子供たちが大勢生まれている。」（一七九）

「この、精神全体が調和がとれていないということが、現代社会の特徴である。〔…〕

人間を完全に発達させることが努力の目標でなくてはならない」（一八〇）
「衛生学者は、なぜ肉体の病気の予防だけに関わって、精神と神経の障害を防ごうとしないのか〔…〕なぜ伝染病患者は隔離するのに、知的、道徳的病いをうつす人は隔離しないのか」（三二二）
「自発的な人種改良は不可能ではないのである。〔…〕他人を悲惨に陥れる権利は誰にもない。ましてや、悲惨な運命を背負った子を生む権利など全くない。このように、人種改良は大勢の人に犠牲を求める。この必要性に触れるのはこれで二度目であるが、これは自然界の法則であるように思われる」（三四二〜三四三）
「つまらない犯罪を犯した者はしばらく病院に入れて、鞭か、あるいはもっと科学的な手段で条件反射をつけてやることで、おそらく秩序を保つには十分であろう。殺人を犯した者、〔…〕子供を誘拐した者、貧しい人からその貯えを奪った者、重大な事柄で大衆を誤った方向へ導いた者などは、人道的かつ経済的に、適当な毒ガスの設備をそなえた小さな安楽死用の機関で処置すべきである。〔…〕哲学体系や感傷的な偏見は、こうした必要性の前には譲歩しなければならない」（三六一）
「人間の歴史において初めて、崩れゆく文明が、その崩壊の原因を認めることができたのである。文明は初めて、科学の巨大な力を自由に使えるのだ」（三六五）

このような、「静かな絶叫」といっていい言辞で同書（邦訳された部分）は満ちている。カレルは、人体の構造的・生理的なふしぎさの解説、啓蒙からスタートして、身体と精神の調和の関係性を強調し、「もの」から精神への復帰を説く。それは、ほぼ十年後の『祈り』の、「我われはデカルトに従い、パスカルを見捨てている」に始まって、「デカルトに耳を傾けるのと同じ熱心さをもってパスカルに耳を傾けなければならないのだ」（中村弓子訳）に終わる言葉に通じている。

カレルが非難してやまない「もの」中心の文化は、彼が同書を執筆した三〇年代の米国に典型的に見られる実情だった。「飛行機や自動車、映画、電話、ラジオ、さらにやがてはテレビ〔…〕、スチーム暖房の家、電灯、エレベーター、男女間の風紀、食品への化学薬品の添加」（六〇）などはただ快適で便利というにすぎず、「知的階層も、新聞や低俗な文学、ラジオ、映画」の影響で「程度が低くなった」（一九二）とする。フランスについても、第一次大戦後、戦勝国となっていわば爛熟し、頽廃にいたったパリの一面などは「昔はフランスの特徴であったこの知性が、こんなにもひどく低下した」（五七）という言葉で代表されている。

他方で、彼は「ラテン系の国」に多いタイプを北方の「例えばスカンジナビア人」より劣るとし、「フランスでは、北部の住民は地中海沿岸の住民よりはるかに優秀」（二五四）と言う。また、「ムッソリーニは偉大な国家を建設しようとし、アインシュタインは一つの宇宙の創造へと進んだ」が、それと「同じ精神が、現代人を泥棒へ、殺人へ、〔…〕巨大な金融、経済企業へと駆り立てる」（二六〇）と考えた。ムッソリーニにはかなり傾倒し、別のところでも「シーザー、ナポレオン、ムッソリーニは、すべて国家の偉大な指導者であり」（三〇二）と言っている。

上記でも分かるように、カレルの人間改良論は、ナチスドイツのアーリア人種イデオロギーに通ずるものがある。とくに、遺伝のおそれから、人間的に劣る者のガス殺に言及したことはナチスの政策を思わせる。「〔優生学を取り入れた人種改良の〕必要性に触れるのはこれで二度目であるが」（三四三）と言うが、二度目どころか、同書で人の倫理性、社会性を語る部分に通底するのはこの考え方なのだ。同書にはきわめて緻密で該博な知識に基づく科学的な叙述と、こういった粗雑としか思えない印象批評的な論法が並存していることは否めない。

当時の彼の書いたものには、知的、道徳的に劣る者とともに、いまはあまり使われない「ギャング」の横行を非難する言葉が頻出する。つまり、彼は禁酒法下の米国の暗黒面を見せつけられていたのであり、それが強烈な皮膚感覚的反応を生み出していることには理解が必要だ。

しかし、上記の三六一ページの言葉が、カレルのその後を決定づけるものだったことは特筆せねばならない。むろん、その数行だけではなく、「高い資質に恵まれた子供たちを選び出し、できる限り完全に成長させなくてはならない。このような方法で、世襲によらない貴族階級を、その国に創り出さねばならない」(三三八〜三三九)という考えが同書の根本に流れている。

レッジアーニは、欧米の精神文化の「没落」と優生学の連結、とくに米国を訪れてその人種差別の実態に着目し、のち獄中で『人間』を読んで啓蒙されたエジプトの元教育大臣で、急進的思想のためにナセル政権下の一九六六年に処刑されたムスリム同胞団のサイイド・クトゥブの考え方が、いわゆるイスラーム原理主義の理念的背景のひとつをなしている事実を指摘している(AHR171-72)。一見飛躍のように見えても今日的で興味深い問題だが、ルルドを主題とする本稿ではレッジアーニの言及を紹介するにとどめる。

カレルは、日ごろの省察を編纂した『瞑想』(Méditations)の一九四〇年十二月十六日づけの文章でフランスの現況を痛嘆し、「ああ今、私が四十歳で、前途に、旺盛な活動のできる二十年があったなら!」(中村弓子訳)と述べている。主として哲学的、宗教的な内省のなかの一句にすぎないが、米国から「人間研究所」として持ち越し、「人間問題研究所」の設立となって実現する構想が念頭にあったのではないかと思われる。

カレルがパリ「解放」をどう見たかだが、レッジアーニによれば、「〔米国の参戦以前は〕フランスとヒトラーの間を米国が仲裁してくれるだろうと無邪気に信じていたカレルは、ルーズヴェルトの政策に失望した。〔…〕彼は英米がソ連と組んだ《異常な》同盟に恐怖し、反独感情は別として、非欧州人を利する欧米諸国とソヴィエト共産主義の間の悲劇的な衝突」を見ることになると思った。そして「米国とヴィシー・フランスという二つの祖国の戦争に絶望して、この破滅についてユダヤ人とボルシェヴィキを非難し、ド・ゴールと自由フランスを《売国奴》と罵倒した」（AHR159）。

ちなみにそのソ連は、一九二四年、二七年と二度彼をソ連科学アカデミー名誉会員に選んだためだろうが、彼が死去したときに代表を葬儀に出席させている。ルーズヴェルト政権の陸軍長官スティムソンは、連合軍のノルマンディー上陸後にアイゼンハウアー総司令官に向かって、カレルには手をつけないようにと指示したというが（アンチエ、二二七ページ）、その米国はソ連とちがって代表を送らなかった。

そして四三年以降、体調を崩した彼は、瞑想的、内省的な文章を書いて過ごすようになった。『人間』を別にすれば、生前に刊行されたものでもっとも知られた『祈り』はその代表的なものだ。

その死

一九四四年八月二十五日、ドイツ軍の占領下にあったパリが連合軍に奪還されると、前述のようにヴィシー政権は南ドイツに移転し、ドイツ内のフランス国という「包領」となって、事実上崩壊した。

ロンドンから帰国したド・ゴールの臨時政府が樹立されると、カレルは人間問題研究所に関わる全任務を停止され、監視下に置かれて、ナチスとヴィシー政権に対する彼の協力関係が調査されたが、結論は得られなかった。したがって訴追はされなかったが、彼を追及する新聞の論調などはきわめてきびしいものがあった。長期にわたって命を懸けて闘ったレジスタン側の立場は絶対的なものだった。その失意のなかで、一九四四年十一月五日にカレルは心不全のためにパリで死去し、サン・ジルダ島に埋葬された。

人間問題研究所は臨時政府によって一旦解体されたが、その後、一九四五年十月に形を変えて復活し、現在の国立人口問題研究所（ＩＮＥＤ）の母体となったので、カレルの意思は部分的ながら活かされたということはできよう。

しかし、彼がこの時点で死亡していなければ、フランスにいるかぎり、コラボラショニストの烙印を背負って生きるほかなかったにちがいない。具体的な利敵行為がない彼のような場合がどういう罪名に相当したかは推測のかぎりでないが、「フランスの知性を汚した」といった包括的な訴追容疑が通用した以上、応えるすべがなく、前述のような傍証に反論することはむずかしいと思われる。

それでなくても、レッジアーニが指摘するのは（AHR2-3, 7, 170）、本人の死後五十年経った一九九〇年代に、ほとんど突如として彼の名は左右両極の政争に巻き込まれ、人種差別者として左翼の攻撃の的となったことだ。

カレルが生前には聞いたこともない他人の「死者に鞭打つ」行為によって、彼は再生させられた。五〇年代以降、矢継ぎ早にパリを始めいたるところの町の通りや施設などが名づけられていた「カレル」は、片端から取り消される羽目となる。三十年ものあいだ、名祖になっていた母校リヨン大学メディカルスクールもその例に洩れず、何年か揉め続けて関係者を騒がせた挙句、一九九五年にルネ・レイネク（一八一六年に聴診器を発明。のちコレージュ・ド・フランス教授）という、無難で、リヨン大学と縁のない人物の名に変更された。もっとも、カレルの名は少なくとも五つ以上の内外の学会や団体に残っているという。また、月面の「静かの海」には、七九年に彼の名をつけた「カレル・クレーター」が存在することもつけ加えるに値するだろう。

解題注

＊10 *The University of Chicago Magazine*, July/August, 2007 Issue, "Organs for Change."

＊11 同右。July/August, 2011 Issue, "Transplant Ethics."

＊12 アルゼンチンの歴史学者アンドレース・H・レッジアーニ（元フランスの社会科学高等研究院招聘教授・現在ブエノス・アイレスのトルクアト・ディ・テッラ大学教授）の著作 Andrés Horacio Reggiani, *God's Eugenicist, Alexis Carrel and the Sociobiology of Decline*, Berghahn, 2007, pp.20-21.〔『神の優生学者、アレクシー・カレルと没落の社会生物学』〕など。今後同書の参照には AHR20-21 という形で表示する。

＊13 Hugh Stephenson & Robert Kimpton, *America's First Nobel Prize in Medicine or Physiology: The Story of Guthrie and Carrel*, 2001.

わが国のルルド伝承受容の時代背景

はじめに

スペイン国境まで五〇キロばかりという山中の町、オート＝ピレネー県ルルドの十四歳の娘で、喘息を病むベルナデット・スビルー（一八四四〜七九）に聖母が十八回にわたって出現したのは一八五八年の二〜七月だった。その貧しさも生易しいものでなく、家業の水車小屋も人手に渡ったあと、一家の住まいとなった「カショ」と呼ばれる建物は、文字どおり牢獄の独房《カショ》で、不潔なため見捨てられたところだった。そこはいまも保存されているが、わずか一六平米のところに両親とベルナデットたち四人の子供が暮らしていたという。当時四千八百人ばかりがきびしい毎日を過ごしていた田舎町は、この一世紀半で人口一万五千の聖地となって、毎年六百万という膨大な数の巡礼と観光客が世界中から訪れる。増加した人口ももっぱらその関連の仕事に携わっていて、単位面積あたりのホテル数はフランスでパリに次ぐという。

ここでは、ベルナデットのころに対応するわが国の状況をおおまかに述べておくことから始めよう。結論を言えば、ルルド伝承がもたらされたのはわが国のカトリック宣教が大揺れに動いているときだった。

聖母出現の奇跡から一五年後の明治六年（一八七三）に太政官布告によりキリシタン禁制は廃止されたが、自発的なものではなく、欧米諸国との関係を考慮してのことだった。明治二二年に発布された帝国憲法は信教の自由を明記したものの、「安寧秩序ヲ妨ケス及臣民タルノ義務ニ背カサル」かぎりにおいてである。

その流れのなかで欧米から多数の宣教師が来日するが、カトリックでは雙葉学園（東京、創立者サン・モール修道会の来日は一八七二年）、暁星学園（同、マリア会八七年）などいくつかのミッションスクール創立と並行して、めざましい司牧活動を見せたのはパリ外国宣教会 Missions Étrangères de Paris の派遣したフランス人神父だった。日本人向けの布教はできなかったが、幕末元治二年（一八六五）に長崎大浦で隠れキリシタンの一女性を「発見」したベルナール・プティジャン司祭は、その草分けの一人である。

パリ外国宣教会

同会は一六五九年に教皇庁布教聖省（現・福音宣教省）によって東アジア、米州の布教のためにパリに設けられた宣教会で、一八三一年に教皇庁から委託されたアジア各地への宣教師派遣を一手に引き受け、わが国での布教が可能になると優れた人材を続々と送ってきた。

同会設立の目的は、大航海時代の植民地におけるポルトガル、スペイン両王権の衝突に遡る。修道会間の確執を防止する必要上、個々の修道会に属さない在俗司祭を成員とし（国籍不問だが、フランス語を母語とする条件）、やがては派遣先で自前の聖職者を養成することを目ざす、というものだった。同会は現存し、創設以来派遣した宣教師は四千二百名を超えるという。

山梨淳氏の論文「二十世紀初頭における転換期の日本カトリック教会」（『日本研究』第四四集、国際日本文化研究センター、二〇一一年十月刊）によると、「一八七〇年代から一九〇〇年代の初頭にかけて、同会から約一五〇名の若年の宣教師が来日し、近代日本のカトリック教会の礎」を築いた（以下カギ括弧内は同論文よりの引用）。

しかし、プロテスタント諸派との競争、布教資金と宣教師の不足、長崎教区教会の腐敗、フランス第三共和政前半期における反教権主義（一四六ページ参照）、インドシナ支配や日清戦争後の三国干渉による対仏印象の低下といった内外の情勢は、カトリック宣教のフランス独占体制にマイナスにはたらく。そして、明治前半中には早くも活動の限界が明らかになる。つまり、わが国での実質的なパリ宣教会の独占的活動は十数年間にすぎない。上記のほか日清・日露両戦役による物価の高騰など、さまざまな要素はあるにせよ、同宣教会の手法はおそらくは無知、無理解から、ほかの後進地域での布教なみにわが国を扱ったことへの反省を欠き、多くは下層民相手の慈善活動や心の悩みの癒しといった旧弊で惰性的なものだったことに尽きるようだ。もっとも、一般論としてわが国の民度がけっして自認するほど近代化していたわけではないことは、つとに民俗学の示すとおりである。

プロテスタントとの関係に触れると、山梨論文の引用した平山（後述）の数字によれば、一九〇二年時点の信徒数でカトリックの五万七一九五名に対し、プロテスタント諸派がすでに五万〇五一二名に達している。しかも、カトリックの宣教師が宣教会本部から「地方を巡回して愚夫愚婦に説教して洗礼を授け」れば十分などと言われていたのに、プロテスタントではとくに教育に注力し、明治学院（創立一八六三年）、立教（七四年）、青山学院（七四年）、同志社（七五年）、神戸女学院（七五年）、関西学院（八九年）などの学校を設立し、宗教教育の枠を超えた高等教育に向けて発展してゆく。札幌農学校教頭に赴任した米国人ウィリアム・クラークも個人としてはプロテスタントで、そこから内村鑑三などの人材が育ったことはいうまでもない。対して、パリ宣教会が招致したカトリック系の学校は男子校、女子校ともに初等・中等学校に留まり、卒業者も多くはカトリックとは無縁の官立（国立）学校そのほかに進学するほかなかった。

宣教会独占体制への批判——長崎と東京

主としてカトリック側の対プロテスタント対抗意識は、猛烈といっていいほどだった。同じキリスト教徒の相手を「異教徒」「異端」とみなしてはばからない考えがパリ外国宣教会派遣の宣教師の基本にあったことは、後述するフォルカド神父の日記に記されたとおりである。

フランス人宣教師の独占司牧に対する批判は、わが国の官民双方、つまり外交レベルから教会内部にいたるさまざまな場面で急速に高まった。

すでに明治二〇年（一八八七）、駐ドイツ兼ベルギー公使だった西園寺公望は教皇レオ十三世に謁見したときに「フランス人宣教師による日本の独占的宣教の現状を改めることへの第一次伊藤博文内閣の要望を伝えている。

明治三七年には、隠れキリシタンの家系で長崎教区の司祭だったラウレンシオ平山牧民（本名要五郎）という人が、複数の信徒とともに宣教会によるカトリック司牧に強い不満を抱き、十項目におよぶ強硬な「具申書」を教皇庁に提出して、イエズス会の来日を要請する事件が起こっている。平山は一九〇二年に中国上海に赴き、在留のイエズス会士に来日を求めたこともあったので、宣教会のパリ本部より「聖職活動の停止処分」を受けていた。そのうえでの「イエズス会の誘致に向けて捨て身の活動」である。たとえば具申書第二条で彼は長崎教区の腐敗を指摘したが、それは、旧約聖書創世記一九ほかに述べられたソドムとゴモラの話、新約ローマの信徒への手紙一―二六、二七、コリントの信徒への手紙（一）五―一に述べられたような「醜態」、要するに教会内部の性的堕落を弾劾するものだった。

平山は、支持者の存在でもわかるように、事実に反する中傷を行なったとか、とくに奇矯な行動に出たとかの行状があったわけではない。一八五九年に五島に生まれ、長崎の神学校で学んで三十歳で司祭の位階を受けた、剛直な信念の持主ではあるがふつうの神父である。だが、前述のような確信的行動により彼と二人の支持者の片方は最後まで教会に戻らなかった。一九一八年に平山は死去するが、半世紀以上も後の七一年にときの長崎大司教（のちの枢機卿ヨゼフ里脇浅次郎）によって「特赦」され、名誉を回復した。平山のとった行動は勤務地の佐賀以外では長く表に出ず、山梨論文で初めて詳細が明るみに出たようだ。彼が執筆した「具申書」とその添書である長崎教区の信徒が一九〇四年六月十日づけで書いた「謹奏書」は、ヴァチカンの福音宣教省文書庫の所蔵となって現に残っているという。

つぎに、日露戦争終が終結した一九〇五年の秋、教皇ピウス十世に派遣された米国ポートランド司教オコンネルが親書を携えて来日し、明治天皇、桂首相以下多数の人士と面談したあとローマへ行って報告した結果、以前からの懸案だったイエズス会の派遣が実現する。数ある修道会のなかでまず同会が選ばれたのは、三百五十年前の日本布教経験もさることながら、イグナティウス・デ・ロヨラ以来の修道会としての世界的な名声に加えて、宣教上の実績、教育関係への情熱が、それまでなおざりにされてきた日本の指導階級、知識階級への布教に適しているとの判断からだった。むろん、明治のカトリック信者がキリシタンの記憶や伝統に基づいて行動できたわけではない。彼らに備わったイエズス会の知識は、「学習」によって得られたものだった。

オコンネルは回顧録で、「最高の地位にいる日本人」の一人から「カトリック教会は、その普遍的教会としての国際的特徴〔を持つのに〕なぜただ一国の司教・司祭の手に全面的に委ねられているのか」と質問されたときのことを「教皇庁への報告のなかにも然るべく書き記した」。また「首相の桂公と何回か会談した際、私は東京にカトリック大学を創設する考えのあることをほのめかした。首相はただちに熱心な態度でこの提案に賛意を示し、ただ教授陣・経営陣がフランス人だけにならぬ」ことを条件とした、と言う。フランシスコ・ザヴィエルが唱えた、現地人聖職者登用の考えもよく知られていたのだろう。

一方、おひざ元の東京大司教区においては、平山のようなヴァチカンへの直訴ではないが、同司教区初の邦人司祭となった前田長太（一八六七〜一九三九）の事跡がある。本書に転載した『ル・ドの洞窟』の著者、ドルワール・ド・レゼー神父から洗礼を受け、築地神学校に学んで一八九四年に司祭となり、のち還俗して慶応義塾で晩年まで仏文学を教えている。非常な勉強家で筆も立ち、英仏語はもとよりラテン語をよくし、オコンネルがラテン語で講演したときにはその通訳もしている。パスカルの『パンセ』のわが国初の翻訳者だったという。ちなみに、当時はラテン語に通暁したフランス人聖職者は多かったらしく、フォルカド神父も沖縄でラテン語を会話的に利用したことがあったようだ（フォルカード著、中島昭子・小川早百合訳『幕末日仏交流記』中公文庫、一二六ページ）。

東京大司教区には機関誌として『声』があり、前田もその編集に関わっていたが、一九〇三年に独立して『通俗宗教談』という個人誌の刊行を開始する。オコンネル離日後、その第三八号（一九〇五年十二月）に載せた「日本社会と教皇使節」と題する文章で自分の意見、つまり在来の下層民向けの慈善事業中心から上流階級、知識階級への宣教に移行する必要を説き、また過去二、三十年の宣教会の活動は（自分が親しく面談を重ねた）オコンネルの来朝ひとつにも及ばない、という趣旨を述べた。

この文章は、教皇特使から望外の知遇を得た一司祭の思い上がりと見られても仕方がない。それが何者かによって正確にフランス語に翻訳され、各地の宣教師に送付された結果、議論が沸騰し、同誌は第四〇号（一九〇六年二月）で廃刊を余儀なくされる。前田自身も、翌一九〇七年には還俗するにいたった。

『声』はひきつづき刊行されたが、編集者も内容も前田のころとはちがって「修養雑誌的」になった。他方、東京大司教区では「一九〇九年に小冊子の出版によってカトリックの知識を普及させる目的をもつ教学研鑽和仏協会が、ドルワール・ド・レゼーによって設立されている」〔注として後述の牧野多完子論文に言及〕。

東京大司教区は、禁教令下に前身が発足した弘化三年（一八四六）以来、代々の教区長を務めたのは、のち邦人初の枢機卿となる大司教ペトロ土井辰雄が昭和一二年（一九三七）に就任するまで、すべて同宣教会所属のフランス人聖職者だった。

イエズス会の再来日

以上が、ようやく明治四一年（一九〇八）に三人のイエズス会士が来日したころの背景である。のち上智大学の創立者となるドイツ人ヨーゼフ・ダールマン神父もその一人だった。一九〇五年に彼が教皇ピウス十世と単独謁見したとき、「教皇はイエズス会の日本再派遣の意思を彼に伝えている」。イエズス会にとっては、一五四九年のザヴィエル来日以来の縁の深いわが国への「再上陸」だった。

カトリックの宣教にとっては、奇跡の紹介は大きな作業のひとつだった。出版物が宣教に果たす役割は大きいが、小規模なものならタイプライター一台ででも行える欧米のトラクト運動（パンフレット配布活動）と異なり、わが国の場合は、外注を避けようとすると、膨大な数の漢字活字と植字工をそろえた印刷部門が必要になる。自前のものとすればそれだけでも非常な負担となったことはまちがいなく、宣教師の財政問題はそのあたりも考慮を要する。フランス人宣教師のマイナス面に言葉を費やしてきたが、小冊子の発行などの地道な仕事に励んでいた大多数の神父のことも忘れてはならないだろう。

「ルルドの奇跡」

ルルドの奇跡も前述のような流れのなかではやばやと伝えられている。最初の情報の到達時期は審らかにしないが、長崎県五島の福江島井持浦教会には明治三二年（一八九九）にフランス人宣教師ペルーが造ったルルドの洞窟の模型があるので、大体の見当はつく。一八六二年に、ルルドを管轄するタルブの司教ロランスが教皇ピウス九世の承認を得て聖母の出現と治癒例七件を事実と認める教書を発表し、洞窟の岩塊上にクリプト（下部聖堂）の建造も始まった（四年後に完成）ことは、時を移さず洞窟の図面などとともに世界各地の宣教師に伝えられたことだろう。

国立国会図書館近代デジタルライブラリー（詳細は http://kindai.ndl.go.jp を参照）に公開されているいくつかの資料を見るとおよその趨勢が読み取れる。ひとつは、カトリック教会自身が宣教目的でルルドの奇跡を執筆、印刷したパンフレットを信者に頒布して広く知らせたことであり、他方はおそらくはその記事に基づいて書かれたが宣教とは無関係の聖者物語、あるいは単なる事実の紹介のたぐいである。

まず後者について述べると、たとえば倉島謙著『最新研究　清涼飲料水製造法』（丸善、明治四四年（一九一一）刊、定価二円）は、第七節「仏国ルルドの奇蹟」で、ルルドの奇跡を「ラヂユウム、エマナチオン説」として説明している。同書は、そのころ飲用に用いられ始めた炭酸水の製法を大量の海外文献を利用して述べた、いわば起業家むけ解説書、実務書だが、その三年前（一八九八年）にキュリー夫妻によって発見されたラジウムが評判になっていた当時の雰囲気を物語っている。ルルドの聖水といわれるものを分析しても特別の成分はなかった、という事実を「エマナチオン」（放射性物質からの放射物）という概念で説明しようとしたもので、壜詰《びんづめ》のルルドの水では効果はないことを力説している。

前者については、『る、どの姫君』（ヘンリ・ラッセル著、水主増吉〔英訳よりの〕重訳、天主公教会、明治二五年〔一八九二〕刊）を挙げておこう。同書は四八一ページの大冊で、同書内に具体的な解説はないが、Joseph-Henri Lasserre de Monzie: *Notre-Dame de Lourdes*, 1869 が原典である。原著者（〔ジョゼフ＝〕アンリ・ラセール〔・ド・モンジ〕、一八二八〜一九〇〇）はカトリック系の作家、ジャーナリストで、同書は訳注＊26（一〇五ページ）でも触れたが、ベルナデットの奇跡から間もないころの刊行ということもあって二百版を超える売れ行きを見せ、四十か国語への翻訳が行われたという。つまり、当時入手しえた全情報を網羅的に総合したといっていい。ルルドの「聖母 Our Lady」を「姫君」と訳したところなどはご愛嬌だが、それを、長崎司教のフランス人神父の承認のもとに出版し、大分町（現大分市の市制前）の天主公教会が定価三〇銭で頒布したものだ。ページ数がほぼひとしい『清涼飲料水製造法』の価格と比べると、出版物としての違いがよくわかる。

わが国のカトリック教区編成は度重なる変遷を経ているが、九州のみを管轄するものとして前年の明治二四年に開設された長崎司教区は、明治三五年（一九〇二）に三万九〇九五名という「日本の総信者の七割弱を占め」る多数の信者を擁していた。大分教会は同町内に「活版部」を備え、学制が布かれてまだ二〇年というときにどれだけの人が読みこなせたかはともかく、同書は大分町内で印刷、出版されている。当時の宣教師は大友宗麟やフランシスコ・ザヴィエルのころのキリシタンの盛況は跡形もないと嘆いたという話があるが、それでも日曜日ごとのミサに集まる信者には好個の読み物となったことだろう。

天主公教会（カトリック教会）の刊行である以上、原著者は違っても内容が大同小異であることは容易に想像がつく。ベルナデットが体験した奇跡を語り、続く数々の超自然的な病気治癒の事実を述べ、そこに現れた神の意思を信じよ、というものだ。そして、この形での出版物が、単なる物語と並存しつつ、読み継がれてきたものと解される。筆者自身も、小学生のときに信仰とは無関係の児童向け読み物として「ジュリアン聖者」（フロベールの『トロワ・コント』の一作「サン・ジュリアン」の簡略リライト）などと並んで読んだのがルルド（古い読み方で「ルールド」）の名を知った最初のように思うが、定かではない。

『ルヽドの洞窟』

以下に転載する『ルヽドの洞窟《ほら》』と題する一篇は、その教会刊行物の典型的なもので、明治四四年（一九一一）に関口教会（現在の東京大司教区司教座）の印刷所、「和仏協会印刷部」から刊行され、定価六銭で頒布された。原著者ドルワール・ド・レゼー（Lucien Drouart de Lézey, 一八四九～一九三〇）はハンセン病療養所の運営に尽くした神父として著名な存在だが、和仏協会や発行人兼訳述者、林寿太郎については、南山大学牧野多完子氏の調査論文「明治期におけるカトリック出版事業——教学研鑽和仏協会の活動を通して」（南山大学図書館紀要第七号〔二〇〇一〕所載 http://office.nanzan-u.ac.jp/TOSHOKAN/publication/bulletin/kiyo7/kiyou07.htm）があきらかにしている。同論文には『ル、ドの洞窟』についても言及されているが、いささか不審に思ったのは、調査にあたって牧野氏が同書の原本をようやく札幌大学蔵本によって確認されたことだ。同書初版は、国会図書館の本館および関西別館それぞれに所蔵〔分類記号「特53-481」〕されているからだ。転載のものは本館蔵本の写しである。

ドルワール・ド・レゼーは一八四九年ダンケルクに生まれ、パリ外国宣教会より派遣されて明治六年来日、同四〇年関口教会主任司祭となり、同四二年に印刷・出版部門、和仏協会を設立する。日本各地で宣教に専念したあと、大正六年（一九一七）、静岡県御殿場のわが国最初（明治二二年創立）のハンセン病療養所、神山復生病院の院長となり、昭和五年（一九三〇）同所で死去するまで献身的に務めた。牧野論文によると、訳述者の林寿太郎（一八六四～一九二六）もカトリック伝道師で、レゼーとともに各地の教会で布教にあたり、和仏協会の「委員兼書記、関口教会の月報記者」の立場で彼の口述筆記や翻訳を担当したが、レゼーの神山復生病院への転任と同時に実業界へ移ったという。林の執筆明細は、氏名を検索すれば把握できる。

『ル、ドの洞窟』の最末尾に東京大司教《伯多禄沙勿》略認とある漢字表記名は「ペトロ・シャビエル（・ムガブル）」、フランス語ではPierre-Xavier Mugabure（ピエール＝グザヴィエ・ミュガビュル）で、一般にムガブルと呼ばれた同教区第二代の大司教（在任一九〇六～一〇）である。本稿との関連では、ダールマンなどのイエズス会士が来日したときの在任ということになる。

『ル、ドの洞窟』が東京のカトリック教会から刊行されたのは、『る、どの姫君』から一九年も経ってはいるが、この伝承が首都圏でまだ目新しさを失っていなかったことを示すものと見てもいいと思われ、興味深い。

最後になったが、パリ外国宣教会から派遣され、沖縄（琉球王国）へ来て日本語も学びながら、禁教令下のわが国にはついに入国できなかった（弘化三年〔一八四六〕七月、長崎港外まで到達）名目上の日本使徒座代理区の初代教区長（代牧）、テオドル＝オギュスタン・フォルカド司祭（一八一六～八五）に触れておく。帰国後の六〇年代にヌヴェール（フランス中部、ブルゴーニュ）の司教（のちエクサン・プロヴァンスの大司教）を務めていた彼は、ベルナデットが後半生を過ごす同地の愛徳姉妹会（同会については本書八八ページ）に入会を希望したとき、病気と貧困で入会金（フランス語で「ドト」という持参財産）も払えなかった彼女のために、修道院長ルイーズ・フェランと話をつけてドトの免除を認めさせた（一八六六）という事実がある。当面の趣旨からは離れるが付言しておこう。

本稿のパリ外国宣教会派遣の宣教師の活動に関わる部分、とくに長崎、東京両教区関連の事項はほぼ全面的に前掲山梨論文に依拠した。概算十万字超の労作である同論文のごく一部の断片的な紹介に終わったことを記して、お礼とお詫びに代えたい。

終わりに、『ル、ドの洞窟』の記述の現代表記への書き換えを実行された中央公論新社の配慮に感謝したい。

【附録】ルヽドの洞窟《ほら》

ドルワール・ド・レゼー

ベルナデット・スビルー（Mary Evans/amanaimages）

旧字旧仮名遣いを新字新仮名遣いに改めました。本章には、今日の意識から見て不適切と思われる表現が使用されていますが、刊行当時の時代背景および著者が故人であることを考慮し、発表当時のままとしました。

第一章　出現の話

明治四十三年より五十二年前、西暦千八百五十八年（安政六年）に当って、仏蘭西《ふらんす》に最《いと》も奇《めずら》しい或《ある》出現があって大評判《おおひょうばん》になった。今其事《そのこと》の概略《あらまし》を陳《の》べよう。

仏国《ふっこく》の南部ピレネ山の麓にルヽドという小さな都会《まち》がある。此町《この》の近所を流れるガヴ河の辺《ほとり》にマッサビエルという大きな巌《いわ》がある。其巌の中《うち》に小さな洞窟《ほら》がある。此の洞窟の向《むかい》で河辺《かわばた》に極めて貧しい水車屋があった。其主人はフランシスコ・スビルという無学ではあるが、質朴で正直だ。彼は熱心な天主公教《てんしゅこうきょう》信者で児女《こども》が九人ある。長子は女でベルナデッタと呼ぶ。彼女は幼い時から喘息持《ぜんそくもち》で余り壮健《たっしゃ》という方でないためか普通《なみ》の小供《こども》よりも至って静かで且《か》つ慎み深く非常に敬虔《しんじん》であった。

千八百五十八年彼女は十四歳であった。其歳《とし》の二月十一日此《この》日は木曜日で午後《ひる》頃ベルナデッタは其妹《おもと》のマリアと他に一人の友達と三人連立《つれだ》って、薪《たきぎ》を拾うためにガヴ河端《かわばた》の右の洞窟の所に来た。其時彼女は聴《き》きしらぬ恐《おそろ》しい響《ひびき》を聴いた。風だろうかと訝《いぶか》りながら方々《ほうぼう》見廻したが、木々の葉がそよともせぬから風ではない。四辺《あたり》は寔《まこと》に静《しずか》である。軈《やが》て眼を向うの洞窟の方に廻すと、洞窟の上方《うえ》の巌にある窪みに炯々《きらきら》する光が視《み》える。凝視《じっとみ》て居《お》る中《うち》に其光の中《なか》に人間以上の美しさで、神々《こうごう》しい気高い天女のようなお姿が現われた。ベルナデッタは初め之《これ》を見て大《おおい》に驚き怖れた。が間もなく彼女は其の天の美に甚《ひど》く感じ、驚怖《きょうふ》の心が失せると同時《とも》に此の有形《ゆうけい》世界を忘れて幾《ほと》んど失神するようになった。

彼女は後に其時のことを語っていう、「その気高い神々しい御婦人を視て妾《わらわ》は思わず跪《ひざまず》いて念珠《ロザリオ》を手に取った。而《しかし》て先《ま》ず聖《たっと》き十字架の印《しるし》をするために右の手を揚《あ》げて額に遣《やろ》うと思うたが、手は萎《な》えたようで少しも自由にならぬ。其時彼《か》の美しき御婦人が、其御手《みて》なる念珠を以て聖き十字架の印をなし給《たも》うたならば、妾も同じく其貴《たっと》い印をすることが出来た。念珠の祈禱《いのり》が終ると間もなく、彼の天の出現も視えなくなった」と。

茲《ここ》に念珠というのは、天主公教で救世主と仰ぐイエズス・キリストの聖母《おんはは》なる聖マリアに願うために用いる珠子《じゅず》のようなものである。聖き十字架の印というは、救世主イエズス・キリストが吾等《われら》人間を救うために十字架上に御死去せられ給うたことを紀念するために、信者が祈禱《いのり》をするとき必ず其始めに自分の体にする印である。

ベルナデッタは驚怖の心が漸々《だんだん》薄らいで正気に帰ったとき、直《すぐ》に傍《そば》に枯枝を拾うて居る二人の少女の所に往《い》って、汝方《おまえがた》は何か変ったことを見なかったかと聴いた。二人は訝って何も視ないが、何故《なぜ》ですかと返問《といかえ》した。そうしてベルナデッタの顔色の只《ただ》ならぬを視て、何か異変のあったことを察して、彼女に問うた。乃《そこ》で彼女は今視たことの一伍一什《いちぶしじゅう》を語った。

家に帰るや彼の二人の少女は直《ただ》にベルナデッタの母に今日のこと共《ども》を告げた。母は之を聴いて娘に事の実否《じっぴ》を質した所が、娘は隠さず其事を話したゆえ母は非常に驚き、余り奇異《ふしぎ》だから或《あるい》は夢か幻影《まぼろし》のようなこと、それとも多少《いくらか》は形蹟《あとかた》のあったことではあるまいか。何にもせよ案じられることだというので、ベルナデッタに再びマッサビエルの洞窟に往くことを堅く禁じた。

ベルナデッタは彼《か》の現われた方《かた》が誰れであるか少しも知らぬ。只《ただ》貴婦人とのみいうて居ったのである。それで彼女は其後《そののち》も是非彼の貴婦人に遇《あ》いたい念願《おもい》がして、母に禁じられたことを深く悲《かなし》んだが、彼女の敬虔《けいけん》と其孝心《こうしん》とは親の誡《いまし》めに背くことを許さなかった。彼女は二日間悲みながら母の言《ことば》に従ったが、四日目の二月の十四日は日曜であるから会堂《かいどう》に参詣し、朝の聖祭《まつり》の後十一時頃になると、頻《しき》りにマッサビエルの洞窟の貴婦人に遇いたいという念が起って、自然引張《ひっぱ》られるような力を感じたのである。恰度《ちょうど》其時彼の出現の実譚《はなし》を聴いた年若き娘等《むすめたち》が凡《およ》そ二十人も、是非洞窟に同伴《いっしょ》に往くことを勧《すす》めた。けれどもベルナデッタは母の許しがないからというて諾《うけが》わない。乃で娘等が彼女の母に種々《いろいろ》に願って漸《ようや》くのことで許された。彼女は娘等に念珠を持って往き、洞窟に着いたら粛《つつし》んで禱《いの》るよう命《いいつ》けた。

娘等《ら》は此の命令《いいつけ》に従って、洞窟の前に至ると一同跪いて念珠の祈禱を始めた。程なく先日の通り洞窟の上方《うえ》なる凹所《くぼみ》が光り彼の貴婦人は現われ給うた。ベルナデッタは視よ〱彼処《かしこ》に現われ給うたと叫んだけれども、他の娘等には何物も視えない。ベルナデッタは洞窟の方《ほう》のみを視ながら起《た》っていうに、御身《おんみ》は神より来《きた》り給いしならば、切望《どうぞ》近寄《ちかより》給《たま》えと。貴婦人は此の神という語《ことば》を聴いて顔に悦《よろこ》びの色を現わし、愛のこもった笑《えみ》を含んで凹所の外縁《そとべり》近く進み給うた。ベルナデッタは其時の事を後に話していう「妾《わらわ》は其親の如き慈《いつくし》み深き笑《えみ》と、得《え》もいわれぬ潔き美しさとを視て、必ず天国に住み給う御方《おんかた》なるを疑わず、彼に対して跪き念珠を以て祈った。貴婦人も亦《ま》た念珠を手に持ち給い、歓びの色で妾の祈りを聴き給うたが、祈禱が終ると同時《とも》に又視えなくなった」と。

同伴《いっしょ》に往った二十人斗《ばか》りの娘等は何《いず》れも十何歳であるが、此の出現は視なくとも、出現せられたというときには、ベルナデッタの顔色が非常に変じ、甚《ひど》く感じて楽《たの》しみに堪《た》えぬというような容貌を視ては、何か珍しい御者《おんもの》の現われたであろうということは疑う余地がなかった。各自《めいめい》皆家に帰って、此事を話したから、間もなく之が評判になって、其夜の中にル丶ド町中《まちじゅう》に伝わった。而《しか》て人々は之が何であろうかと考えた。其御手《みて》に念珠を持ち給うというを聞いて、或は聖マリアではあるまいかと最早方々《もはやほうぼう》で考え初めた。

次《つ》ぎの木曜日即ち二月十八日ベルナデッタは又マッサビエルの洞窟の方に珍しい力で引張られるように感じて朝の六時頃出て往った。此時に共に往ったのは小供でなく、ル丶ド町の上流の婦人二名《ふたり》で、何《いず》れも年齢《とし》四十歳位《ぐらい》の熱信《ねっしん》な婦人、而《しか》も其中《そのうち》一人は聖マリア会に入って居った。ベルナデッタは喘息持であるが、人間以上の力を受けて極めて早く歩み、二人の婦人よりも余程前《さき》に洞窟に達した。彼等二人が辛《や》っと洞窟に達したならば、最早容貌が変って、無形《むけい》世界に入り得も云われぬ楽《たのし》みの眼を洞窟の上方《うえ》の凹所に着けて居るベルナデッタを視た。此時の事も後に左《さ》の如くいうた。

「妾は洞窟に達して曩《さき》に再《ふたた》び出現し給いたる処《ところ》の前に跪き、首《こうべ》を低《た》れて謹んで尊敬を表《ひょう》し祈《いのり》を始めた。暫時《ざんじ》にして彼の貴婦人は三度目の出現をし給うた。矢張《やは》り前回《まえ》と同じ美しさ、同じ気高さ神々しさであった。

貴婦人は慈母《おや》のような愛《いつくし》みを湛《たた》え、御手を揚げて招き給うた。妾が御側《みそば》に往こうとしたとき、二人の婦人が漸《ようや》く来て跪いた。妾は彼等にいうた。貴婦人は彼処に居《い》たまい、妾を側近く招き給うと。彼等はいう、吾等両人《われらふたり》此処《ここ》に居《お》りても宜《よ》いかを伺いてよと。妾はいうがまヽ伺いたるに、止《とど》まっても構いないと答え給うた。彼等は又いう、貴婦人が汝《そなた》を招き給わば側に往きて、貴婦人は何人《どなた》に在《まし》ますか、又何故来給えるかを、此の紙に記《しる》し賜《たま》わるよう願って下さいと。妾は其言《ことば》の如く紙と筆を取って御側《おんそば》に往き、背延《せの》びして紙と筆を捧げながら、貴婦人よ、妾に示し給うことあらば、此紙に何人《どなた》であるか、又御望《おんのぞ》みの何なるかを記し給えと願うた。貴婦人は笑みを含みて答え給うた。吾が汝《なんじ》に示したきことを記さずとも良《よ》し、只汝今より十五日間続いて此処に来《きた》ることを約束せよと。妾が直《ただち》に約束したならば、貴婦人は慈《いつくし》み深き其御眼を妾に注ぎつヽ仰せらるヽに、吾れ汝を此世《このよ》でなく他の世に於《おい》て幸福《さいわい》ならしむるよう約束すると。妾は貴婦人から眼を離さず両人の側に往き、右の事を告げた。両人はいう、其十五日間吾等両人も毎日共に御前《みまえ》に来《きた》ることを許し給うかを伺えと。其通り伺うたならば、貴婦人は答えて、彼等二人のみならず、尚《なお》多くの人々の共に来ることを望むといい給うた」と。

此の木曜なる二月十八日はルヽド町の大市日《おおいちび》であったから、近郷近在《きんごうきんざい》から多くの人々が集《あつま》って居った。故に此の三度目《みたびめ》の出現の評判は口から口に伝えられて、ルヽドの町《まち》中《じゅう》のみならず其夜の中に県中に拡まった。而《しか》て人々皆その十五日の間続いて此不思議があるであろう、吾等は仮《よ》し出現を視る能《あた》わざるも、ベルナデッタの奇《めずら》しく変わる顔を視られるであろう、吾等皆視《み》に往っても可《よ》い、彼の出現せられた方は成《な》るべく多数《あまた》集ることを希望せられたからなど取り〴〵に噂した。殊《こと》に又「吾れ汝を来世《のちのよ》に幸福《さいわい》ならしめん」との言《ことば》は大《おおい》に人々を感ぜしめ、斯《かか》る約束を為《な》し給うものは神ならでは聖母マリアの他にあるべき筈《はず》がないから、彼は正《まさ》しく救世主《すくいぬし》の御母《おんはは》なる聖マリアであろうとは人々皆等しく考えた所で分けて大評判《おおひょうばん》となったのである。

其翌十九日の金曜には、黎明《よあけ》からマッサビエルの洞窟にベルナデッタと共に往ったものは百有余人であった。二十日には四五百人、廿一日の日曜には一躍数千人の多衆《たしゅう》が往った。斯《かく》一日に一日と人数《にんず》が殖《ふ》えて、此の十五日の最終の日なる三月四日には無慮《むりょ》二万有余人であった。

ベルナデッタが此の奇異《ふしぎ》な出現に遇ったのは其十五日間のみではない。其後も数あったが最終の出現は七月の十六日であった。其十五日間の後の出現が合せて十八回である。是等《これらすべ》総ての出現の話を委《くわ》しく記すことは此小冊子の及ぶ所でないから、是等の中《うち》最も重大なことだけを摘《つま》んで載せよう。出現は何時も必ずマッサビエルの洞窟の上方にある凹所で、出現の尊容《みすがた》は其所《そこ》に献《ささ》げられた野薔薇《のばら》の上に御足《みあし》を置いて立ち給うて居《い》る。其御《おん》召物《めしもの》は雪の如く純白《まっしろ》で、其尊容の周回《まわり》に煌々《きらきら》する光りは、有形世界の輝きや色と違って何とも形容が出来ない。如何なる画家の名筆も之を画《か》き現わすことが出来ない。又聖顔《みかお》の美しさと神々しさは天の言《ことば》を用いなければ話し得られぬということは、或時リヨン市に一番上手な彫像師《ほりものし》がベルナデッタより委しく説き示《と》されて、其通りの貴婦人の像を造ったとき、ベルナデッタが之を視て、如何にも美しく好《よ》き出来栄《ばえ》なれども、然《しか》し実際は之と天地の相違《ちがい》があると嘆じたのを視て知られる。如何に妙技でも名手でも物質界の色彩《いろどり》と財料《ざいりょう》とを以て無形世界の天の美を表現《あらわ》すことが何《ど》うして出来よう。

ベルナデッタのいう所に依《よ》れば、出現の貴婦人は何時もベルナデッタの眼に其御眼《おんめ》を注ぎ給うて居る。けれども時々慈母《はは》のような笑顔を以て彼女の周辺《まわり》に跪いて居る数千の人々を視《み》給うが、其時はその深き愛情が溢《あふ》るゝばかりに歓喜《よろこび》の色を現し給うたという。出現の度毎《たびごと》にベルナデッタはそれに心を奪われて失神したもの、如く、傍《そば》に如何なる騒ぎがあろうとも少しも知らない様子に見える。此時の彼女は顔が全く普通《なみ》の人間ではない。彼女の此の顔と其目差《まなざし》を睹《み》た数千の人々は非常に感じて直《ただ》ちに出現の疑いを晴《はら》した。彼女が斯《か》く人間以上の状態《ありさま》になることは毎常《いつ》も一時間余りであった。

二月廿一日第六回目の出現に当っては、黎明《よあけ》より数千の人々がマッサビエルの洞窟の前に待って居った。其中《そのうち》にベルナデッタが来て跪いて祈り始めた。間もなく彼女の顔は右にいうたよう珍しく変じた。同時に其周辺《まわり》に居《い》る数千の人々は口々に出現々々と叫び、又多くは聖母マリアといい、皆々首《こうべ》を俯《ふ》して跪き祈禱《いのり》をする。そうして後にベルナデッタが如何なる天の啓示《しらせ》を通ずるかと案じながら待って居った。

後《のち》ベルナデッタは会衆《おおぜい》に話していう。貴婦人が現われ給うて後、世界万国に其御眼《おんめ》を着け給うようにして、大《おおい》なる哀《かなし》みの色を御顔《おんかお》に現わし給うた。妾は之に大に感じていうた。貴婦人よ、何か仔細あるか、妾は如何にすべきかと。答えて宣《のたま》うよう、罪人《つみびと》等のために祈るべしと。此話《このはなし》此《この》貴婦人の御言《みことば》を聞いて人々皆罪悪《つみ》が天の怒《いかり》を下すかのように感じ、其日は夜に至るまでル､ドの町中に出現の話のみであった。

二月廿三日の出現に於《おい》て其聖慮《おぼしめし》が稍《やや》現われ始めた。ベルナデッタ語っていう。「貴婦人が現われて妾は例《いつも》の如く其前に祈って居《い》ると、ベルナデッタよと我名《わがな》を呼び給うた。妾が何なるかと答うるや、彼方《かのかた》は此所《ここ》に御堂《みどう》を建《たつ》べきことを汝司祭等に告げよと仰せられた」と。

ベルナデッタは貴婦人の出現が終るや、直ちに其命に従って、ル､ド町の教会を牧《ぼく》する司祭の家に往った。

此時まで天主公教の司祭等は、出現の事を知らなかったろうか、感じないであろうか、或は無頓着《むとんちゃく》で聴き捨てにしたのであろうか。否々《いないな》決してそうではない。之には理由《わけ》のあることだ。天主公教の厳しき規則として、斯《かか》る出現とか奇蹟とかいうような不思議なことがあるときには極めて慎重な態度を取らねばならぬ。斯ることは得《え》て欺《あざむ》かれ易《やす》いから、其事の真偽を軽々しく決めないのみならず、公然度外無頓着《どがい》にせねばならぬ。若《も》し之を真《しん》とし神より出《いず》る事蹟とするには其丈《それだけ》の証拠がなければならぬ。此故《このゆえ》にルヽド町と其近在の司祭等は一人でも一度でもマッサビエルに往かず、又之に関して確《かた》く緘黙《かんもく》を守って居ったのである。司祭等の此態度を視て却《かえっ》て信者等は快く思わず呶々《ぐずぐず》いうた。聖母マリアであろうと思われる出現があり、何千の人々が大《おおい》に悦び感ずるに、如何にして司祭等は聊かも心配せぬか、斯く冷淡に構えるのは無信心ではあるまいかなど、いう攻撃が最早随分彼地此地《あちこち》に起《おこ》った。けれども尚司祭等は黙して居った。所が右の如くベルナデッタが何千人の信者と共に廿三日の朝マッサビエルから直《ただち》にルヽド町の司祭の家に来た。此司祭は其名をペイラマルというて最早老いた堅固な且つ多少心も挙動も荒い人である。身には破れた衣服《きもの》を纏《まと》うた貧しいベルナデッタの入り来れるを視て司祭はいう。

「汝は水車屋スビルの娘《こ》ベルナデッタではないか。何がために此処に来たか」

ベルナデッタいう。

「司祭よ、妾はマッサビエルの岩に出現し給える貴婦人の命《いいつけ》に依りて」

司祭は斯く聴いて、厳《おごそか》なる顔を以て彼女に対《むか》い、出現などいう話を以て多数の人を惑わし、証拠もなき説を立てたりなどすることは、大なる過失《あやまち》と罪悪《つみ》なりと聴かせて大に叱《しか》り懲《こら》した。ベルナデッタは慎んで其叱責《しかり》を聴いて居《お》るけれども、如何に厳しい苛《ひど》い叱りにも少しも恐れず平然として居る。之を視た司祭ペイラマル氏は却《かえっ》て心窃《こころひそか》に驚いて、斯くも平然として居り得らる丶ことは、普通《ただ》の貧《まずし》き少女として有り得《う》べきことではないと思うた。乃《そこ》で司祭は問うた。

「汝其出現せられた貴婦人の名を知って居るか」と。

彼女は答えていう。

「司祭よ、彼方《かのかた》は其名を妾に告げ給わず、只多くの人々は聖母マリアならんと思うて居る。されど聖母なるや、聖母ならざるや、妾は知らず、妾の確かに知り居ることは、彼処《かしこ》に御堂を建つべきことを司祭に告げよと妾に命じ給いたることのみ」と。

ベルナデッタの顔と其挙措《そぶり》を視、其声を聴くときは如何にも彼女の誠実《しょうじき》なることを疑うことは決して出来ない。然しながら彼女の誠実なること丶、出現の真《まこと》なるや否やとは全く別問題である。故に是非とも疑うことの出来ない証拠を視たいと考え司祭ペイラマル師は斯くいうた。

「然らば彼《かの》貴婦人が次ぎに現われたとき、汝の方《ほう》より彼方に願え。貴婦人よ、此処に聖《み》堂《どう》を建てることを望まば、証拠のために御足の踏み給える野茨《のばら》に今直《ただち》に花を咲かしめ給えと」と。

ベルナデッタは其中付《もうしつけ》の通りすることを諾《うけが》った。

読者《みなさん》よ、二月といえば尚寒中《かんちゅう》である。野茨の花咲く時節でない。斯《かか》る時節に而《しか》も俄《にわ》かに野茨が花咲くという奇蹟《ふしぎ》を願うのは賢い遣方《やりかた》である。若《も》しも眼に視る所の明《あきら》かな証拠がなくして、彼女の語る所のみを信じたならば、彼司祭は愚《おろか》であるとか、愚直《ばかしょうじき》だとかいう無宗教者の非難を受けて彼《か》の出現も否定《いな》まれるであろう。然り如何にも賢い遣方である。が然し花のような忽《たちま》ち散って跡《あと》なく消える証拠は、仮《よ》し何千人の者が親《したし》く眼で視た確証だというても今日に至っては最早五十有余年前のことで其花を視ることが出来ないから、今の人々のためには何の値《ねうち》もない証拠ではあるまいか。それより数百年の後に至っても、絶えず眼に視られる確かな証拠の方が良くはあるまいか。

之に就《つい》て彼の貴婦人は如何に考え給うたか、ということがそれより二日後の二月廿五日に解《わか》って来た。

今之を委しく陳《の》べよう。二月廿四日出現の時、ベルナデッタは昨日《きのう》司祭より命《いいつ》けられた通り願った。けれども貴婦人は唯《ただ》笑み給うたのみで何をも答え給わぬ。程なく悔悛《くいあらた》めよ、悔悛《くいあらた》めよ、悔悛《くいあらた》めよと、三度重ねて仰せられた。是《これ》廿一日の出現に於《おい》て、罪人《つみびと》のために祈れと仰せられたのと同じ意味である。而《しか》して証拠として願った奇蹟《ふしぎ》に付《つい》ては何もなかった。ペイラマル師はベルナデッタより此事を聴いて、其真《ほんと》であるという疑うことの出来ない何等《なんら》かの証拠あるときまで待って居るの外道《ほか》がないと考えた。所が其翌日《あくるひ》に至って立派に証拠が立てられたのであった。

即《すなわ》ち二月廿五は木曜日で、此日は四方八方から数えられないほど多数《あまた》の人がマッサビエルの巌の周回《まわり》に集った。ベルナデッタが来て祈り初《はじ》めると、忽《たちま》ち水を打った如く静《しずま》り返って、辺《あた》りに人気《ひとけ》はないと思われるほどであった。貴婦人は出現してベルナデッタに仰せられるよう、

「吾娘《わがこ》よ、泉に往きて水を飲め且つ洗えよ」と。

ベルナデッタは方々《ほうぼう》見廻したが、泉らしいものさえ見当らないから、貴婦人を回顧《みかえり》ながら立ってガヴ河の方に往こうとした。其時貴婦人は之を遮《と》めて仰せられるに、

「吾《わ》れ汝にガヴ河に往きて水を飲めと云わず。泉に往け。泉は此処にあり」と。

そうして其御手を以て洞窟の底を指し給うた。ベルナデッタは其指示《しめし》に従って洞窟の底に往ったが、矢張《やはり》泉は無い。けれども何処までも其仰せに従わんと思い、手を以て地を掻《か》き小さな穴を掘った。果《はた》せる哉《かな》水が湧いて間もなく穴に満ち、暫《しばら》くして穴より溢れて流れるようになった。ベルナデッタ語っていうには、

「其とき妾は御命令《ごめいれい》のまに〳〵水を飲んだ。貴婦人は最《い》と御満足の色を現わし、慈愛籠《こも》れる目を妾に注ぎつゝ見えずなり給うた」と。

後に公《おおや》けに設けられたる調査委員会《とりしらべ》の厳密な研究に依《よ》るに、マッサビエルの洞窟の中《うち》には往古《むかし》より水の流れ出たことは毫《すこし》もなかった。又湧泉《いずみ》のようなものも決してなかったことは疑いない。此故《このゆえ》に今泉が俄《にわか》に巌窟《がんくつ》内に出来たということは、人々の大に不思議とした所であった。所が恰度《ちょうど》此の廿五日はルヽド町の隣のタルベ市に大市《おおいち》が開かれた日であったから、其日の出来ごとが此《ここ》に伝わり、従って其夜の中に隣県までも此評判が伝わった。而て多くの人々は其夜の中に出立《しゅったつ》して終夜歩《よもすがらあゆ》んで翌朝マッサビエルの洞窟に四方八方から集った人は数えられないほど夥《おびただ》しかった。

湧泉は漸々《だんだん》大きくなった。水は純良《じゅんりょう》の清水《まみず》であって、明治四十三年より五十二年前のことであるが今日に至る混々《こんこん》として未《いま》だ曽《かつ》て止まったことなく、何時も平均一日約十万リットル（一リットルは五合五勺四才余）ずつ湧出《わきだ》して居る。

然るに此の湧泉の出来たことよりも更《さら》に人々を驚かした奇蹟《ふしぎ》が其翌廿六日にあった。それは斯《か》ようである。ルヽド町にルドヴィコ・ブリエットという石切工夫があって、彼は二十年前ジョゼフという兄弟と共に山中《さんちゅう》に於て石を切出して居ったとき、如何なる過ちか爆薬が余りに迅《はや》く破裂して、逃げる隙《ひま》なく兄弟なるジョゼフは惨死し、ルドヴィコは面《かお》に火傷《やけど》し其上右の眼に石の破片《こわれ》が触《あた》って大傷《おおきず》を受けた。何年か治療を受けたが癒《なお》らない。彼の傍《そば》にあるものが人間だか樹の株だか見分けられない程である。彼を治療した医師ドーヅス氏の診断する所にては全く不治の眼疾《やまい》であった。

　此ルドヴィコは素《もと》より天主公教を確《かた》く奉ずる熱信家であったから「泉の水を飲め」とベルナデッタに仰せられた出現者の御言《おことば》を考え出して其子にいうに、汝洞窟の水を汲んで来《こ》よ、出現し給いたる方が聖母マリアであるならば、吾を癒したい思召《おぼしめし》があれば最《い》と容易《たやす》いことだと。之より三十分の後其子は父の申付《もうしつけ》通り早く既《すで》に水を持って帰って来た。ルドヴィコ・ブリエットは跪いて一向《ひたすら》に祈り、軈《やが》て其水を失明《みえなく》なった眼に点《つ》けた。暫《しばら》くすると眼中に何か不思議の動揺《うごき》を覚えたが、忽ち大声《たいせい》に叫んだ。癒った〳〵、吾を癒し給うたお方は正《まさ》しく聖母マリアであると。果して彼の叫びの如く、右の眼が左の眼と同じく細かなものをも明《あきら》かに視ることが出来る。彼は歓びの余り周章《あわて》て医師ドーヅス氏の家に奔《はし》って往き、唐突《だしぬけ》に癒った〳〵聖母マリアが吾を癒し給うたと叫んだ。医師は、之を見て彼は遂《つい》に気が狂ったのだと思った。けれども頻りに其癒った〳〵能《よ》く視えるというのを聴いて或は左《さ》ることもあるか之を試そうと、乃《そこ》で鉛筆もて紙片《かみきれ》に「ルドヴィコ・ブリエットなるものは不治の黒内障《くろそこひ》に罹《かか》りたれば医治《いじ》すべからず」と認《したた》め、医師自らの手を以て彼の左眼《さがん》を塞《ふさ》ぎ、汝若《も》し之を読み得《え》ば真《ほんと》に癒ったことを信ずるといった。ルドヴィコは直ちにすら〳〵と読んだ。医者は斯く医学上不治なるべき眼病の癒ったのを視て、之こそ疑いなき奇蹟《きせき》であるというた。

斯《かく》の如き不思議な平癒《へいゆ》を受けたものはルドヴィコ・ブリエット一人のみでなく、同じ廿六日にマリア・ドーブ、ベルナルド・スビー、ファビアノ・パロなどいう人々が、矢張何年前より煩《わずら》って居る病気が俄に癒ったのであるが、是等は此小冊子に悉《ことごと》く記すことは出来ないから省《はぶ》く。

扨此《さて》の奇蹟なる多くの病気平癒があったために、ルヽド町中に益々《ますます》大評判となり、大喫驚《びっくり》となり、大歓喜《よろこび》となり、大譟擾《さわぎ》となった。其夜全町《まちじゅう》の人々は手に手に提灯《ちょうちん》を持って、マッサビエルの洞窟に行き、巌には飾火《かざりび》を点《つ》け、皆々跪いて、出現者の聖母マリアなることを信じて、人々声を合せて「聖母マリア吾等の為《ため》に祈り給え。吾等の歓びの源《みなもと》吾等の為に祈り給え。病人の快復吾等の為に祈り給え」などいう言《ことば》を以て一心に讃美し感謝するのであった。

次章《つぎ》に記す如く、此二月廿六日に有《あ》り始めた病気平癒の奇蹟は、其より後《のち》あった何千人何万人の平癒の最初《はじめ》であった。

斯《か》く幾度《いくたび》も出現し給うた貴婦人は何方《どなた》であるか未だ確乎《しっかり》と解らず、救世主イエズス・キリストの聖母なる聖マリアであろうとは人々皆思う所ではあるが、然し慥《たしか》な証拠があった訳《わけ》ではない。此故《このゆえ》にベルナデッタは人々の勧《すす》めによりて三月廿五日の出現のとき慎んで彼の貴婦人に願っていう。

「如何に我《わが》貴婦人よ、御身は何方に在《ましま》すか、御名を聴《きか》せ給え」

貴婦人は慈愛ある笑《えみ》を洩《も》らせ給うたのみでお答《こたえ》がない。ベルナデッタは再び、

「如何に我貴婦人よ、何方なるか、御名を聴せ給え」

と願ったが、矢張只笑《え》ませ給うたのみでお答えがない。けれどもベルナデッタは尚失望せずして三度《みたび》同じことを願ったがお答えがない。なれどもベルナデッタは貴婦人の愛の充《み》ちたる笑を見ては決して無益《だめ》と思われない。尚四度目《たびめ》を願った。

「貴婦人よ、我貴婦人よ、仰《あお》ぎ願《ねがわ》くは御身の誰《たれ》なれるか、御名を聴せ給え」と。

其時貴婦人は両手を揚げて世界万国に按《かざ》し之《これ》を祝《しゅく》するが如くせられて仰せられるに、

「吾《われ》は潰《けが》れなき孕《やど》りなり」と。

そうして程なく視えずなり給うた。潰れなき孕りという言《ことば》はベルナデッタの初めて聴く所であった。何の意味か毫《すこ》しも解《わか》らぬ。乃《そこ》で彼女はルヽド町の司祭ペイラマル師《し》の所に往きて此言《このことば》を告げんと、途中忘れないように幾度《いくたび》も繰返《くりかえ》しつヽ歩んで、司祭の家に着《つい》て右の事を委しく陳《の》べ、其言の意味が解らぬが、何の意で何方であるかと尋《たず》ねた。彼の老司祭は之を聴いて心中大《おおい》に感じながら、

「吾娘《わがこ》よ、神様に一向《ひたすら》感謝せよ。汝《そなた》に対して現われ給うた、吾は潰《けが》れなき孕《やど》りなりと仰せられた貴婦人こそ、至《いたっ》て貴《たっと》い童貞女《どうていじょ》、救世主《すくいぬし》イエズス・キリストの聖母マリアで

ある。其潰れなき孕りと仰せられたのは、神の特別な恩恵《めぐみ》によりて、世界万民がアダムより伝わる源罪《げんざい》の潰れを有《も》って生れると違って、聖マリアのみ特に此潰れがなく孕り給うたのをいうので、此故に彼は至って貴き童貞と名《な》づけられたのである」と諭《おし》えた。是《これ》は恰《あだか》も朝の九時頃であったが、ベルナデッタは聖母マリアであることが漸《よう》く解《や》って大《おお》いなる歓喜《よろこび》に満されつヽ司祭の家を出ると、門前に待って居った多くの人々も大に歓《よろこ》び彼等互《たがい》にいう、吾等の思うた通りである。其出現の様子、罪人《つみびと》のために祈れとの御《み》言《ことば》不思議な湧泉《いずみ》の顕われ、奇蹟なる病気の平癒など一として聖母マリアなることを察せられないものはないが、今此の聖《たっと》き童貞女《どうていじょ》の御言によりて果して聖母なることが疑いなかったと歓び合い、聖マリア、聖童貞女《せいどうていじょ》の御名《みな》を呼んで万歳を祝するの声々《こえごえ》はルヽドの全町に夜に至るまで響き渡った。

第二章　病気の平癒

前章《まえ》にお読みなさった出現のような奇蹟があれば、人々は直《ただち》に驚き感じて容易《たやす》く之《これ》を信ずるのは当然《あたりまえ》の人情である。人々の此の激しい感情は到底《とても》制し得られない。けれども天主公教《てんしゅこうきょう》の規則は至《いたっ》て堅い。仮《たと》い人々が如何に感じ如何に信ずるとも相当の権利あるものが厳密な調査《しらべ》を遂《と》げて、愈々其出現其奇蹟が確実《たしか》で疑いないと決定した後でなければ公《おおやけ》に之を崇敬《すうはい》することは厳しく禁ずる所である。所謂《いわゆる》公の崇敬とは司祭が宗教的儀式によりて之を崇敬するので近くいえば公教会が其出現なり奇蹟なりを真《ほんと》と認めたのである。

而《しか》て右にいう調査《しらべ》をし決定を与える相当の権利あるものは普通《なみ》の司祭でなく司祭を管督する頭《かしら》なる司教である。尚又司教の決定を確《たしか》とするために天主公教会の総長なる教皇陛下の勅裁を経なければならぬ。天主公教に於て斯《かく》の如く厳密に丁重にするのは教民《きょうみん》なる信者が迷《まよわ》ないようするためである。

既《すで》に前章《さき》に陳《の》べた通り、マッサビエルの巌《いわ》に十八回の出現があっても、其洞窟《ほら》に不思議な湧泉《いずみ》が生じても、何万人の信者が毎日其洞窟に往き如何に大評判になっても、マッサビエルの巌に往った司祭は一人もなかった。多くの信者が慊《あきた》らず思うほど冷淡に構えた。

然《しか》しながら既に奇蹟と思われるほどの不思議な病気の平癒まであって見れば、天主公教の教職者なる司祭司教が全く不問に附し去る訳には往かぬ、何《ど》うでも之に就《つい》て心配せねばならぬ。之を以てルヽド町を管轄する、タルベ市の司教ベルトラン・セヴェル・ローランス閣下は右の出現と奇蹟とを調査するために多くの博士を撰《えら》んで委員会を組織した。此委員会の調査《しらべ》は極めて精確厳密で前後四個年を費《ついや》した。調査《しらべ》が愈々《いよいよ》完了して千八百六十二年（文久三年）一月十八日右の司教閣下は一の教書《きょうしょ》を発した。該《そ》の教書の旨《し》意《い》は調査委員会の報告書と多くの医学博士の証明書に依《よ》って、瀆《けが》れなく孕《やど》り給うた聖母マリアがマッサビエルの洞窟に出現し給うたことは疑うべからざることである。又聖母マリアの尊慮《おぼしめし》に従って其所《そこ》に聖堂《みどう》を建つべしというのであった。

教皇陛下の勅裁を経て発したる此教書は大《おお》なる評判になって、聖堂建築のためには仏《ふっ》国《こく》のみならず、欧州のみならず、世界の各国に於ける信者より喜んで費金《かね》を寄附して来た。それで千八百六十六年（慶応二年）に功竣《ふしんおわ》って其歳五月廿一日を以て右の司教閣下はマッサビエルの巌上《がんじょう》に建った新聖堂《しんせいどう》の献堂式《けんどうしき》を挙げた。此式に集《あつま》ったる司祭が約三百名、信者は無慮《むりょ》六万を数えるという盛大なものであった。

後《のち》千八百七十六年（明治二年）七月三日には教皇ピオ九世陛下の勅命によってマッサビエルの巌に建てた聖母マリアの御像《ごぞう》の除幕式が挙げられた。此式には世界各国より司教三十五名司祭三千名信者十万余名集った。なんと盛大なことではあるまいか。此時よりして漸々《だんだん》ルヽドの聖母と呼ぶようになったのである。

斯《かく》の如く欧米各国は勿論《もちろん》亜細亜《アジア》亜非利加《アフリカ》各国の信者が特にルヽドの聖母を有難《ありがた》く思う

て尊敬するのは何の為《ため》であるかというに、聖母出現の確《たしか》なる証拠が年々多くあって、益々《ますます》奇蹟が殖《ふ》えるというためである。毫《すこし》も疑うことの出来ない証拠が年を追うて現われるからである。其証拠は何であるか。それは奇蹟なる病気の平癒である。第一章に記《しる》した千八百五十八年二月廿六日に初めて現われたような病気の平癒は其後年々幾度もあった。今日《こんにち》に至る五十二年間に有《あ》った大なる病気平癒のみで何千を以て数えるほどである。此の多くの病気平癒が年々歳々証拠を示すがゆえに、無宗教主義の新聞紙は仏国のみならず他《た》の各国のものまでが、是等の証拠を打壊すために、種々《いろいろ》なる理窟を立てた。中にも多いのは其湧泉は一種の珍しい功能を有する鉱泉《こうせん》である。若《も》しも真正《ほんと》に平癒したとしても、それは決して奇蹟でなく、自然的の治療であるなど、一生懸命に論じ立てた。然るに千八百五十八年八月七日ツルーズ市の大学教授なる化学博士フィロル氏が其水の化学的分析をして見たが、其成蹟に依《よ》って見ると、マッサビエルの巌窟より出《いず》る水は其近傍を流るゝガヴ河の水と其成分全く同《おなじ》一で、何等の功能もある筈なき純粋の真水であることを証明された。其後も仏国 及《および》其他諸国の化学者が幾度も分析したが、孰《いず》れも右フィロル博士と同一の成蹟を得たのみであった。

斯の如く無宗教者等が飽くまで反対して確《たしか》な証拠までも之を拒んで非難するから正直なる人々の之に惑わせられないために、マッサビエルの洞窟の傍に検証所《けんしょうじょ》というものを四十何年前より立てられた。

洞窟《ほらあな》の奥に湧く泉の水は管《くだ》で窟《あな》の右外《みぎそと》なる石造《せきぞう》の水盤《すいばん》に導かれる。人々は此水盤から汲《く》み取ったり或《あるい》は飲む。又其傍《そば》に一の家が建てられて其中に一の溜池が造られてある。右の水盤の水は再び流れて此池に入る。恰度《ちょうど》温泉のような形になって居る。多くの病人が水に浸《した》るために此溜池に入るのである。溜池は男女《なんにょ》を分けて仕切ってある。それで検証所は此溜池の傍に建てゝある。

多数《あまた》の病気平癒者の中《うち》には洞窟《ほら》の前に於《おい》て水を飲んで癒《なお》ったのもあり、或は溜池に入って癒ったのもある。又水も飲まず池にも入らず、唯洞窟《ただほらあな》に安置された聖母マリアの御《ご》像《ぞう》に対して祈った丈《だけ》で癒ったのもある。猶《なお》世界各国に於てルヽドに往《ゆか》ず自宅に居ってルヽドの水だけ取寄せて飲んだ斗《ばか》りで癒ったというのも沢山ある。検証所は是等の平癒を検査し証明するために建てられたもので其検証の規則は甚《はなは》だ厳密である。今其概略《あらまし》を挙ぐれば左の如きもの《さごと》だ。

㈠或病者《あるびょうしゃ》の平癒が確《たしか》に奇蹟であると決定するには、一人の医師にあらずして多くの医師の検証したものでなければならぬ。勿論検証所に専属する医師が四五名あるけれども、孰《いず》れの国孰れの医師たりとも、自由に検証所に出入《しゅつにゅう》し自《みずか》ら勝手に検査することができる。明治四十三年八月廿四日の如きは四方から此検証所に集った医師が七十一名あった。彼等は皆其日にあった多くの珍しい病気平癒を検査した。検証所長は何年前より博士ボアスサリー氏で副長は博士コーキシク氏である。

(二)凡《すべ》て神経系統に属する病気の平癒は之《これ》を除外せねばならぬ。如何に珍しき平癒がああるも多少の異論を挟み得《う》るからである。

(三)病人が平癒したものは其時まで治療を受けた主任医の診断書を有《も》って来なければならぬ。診断書のない平癒者は検査の数に加えぬ。

(四)検査したる多くの医師の中《うち》たとい一人たりとも、其平癒に疑いを容《い》るゝものあらば之に平癒者たる決定を与えてはならぬ。

(五)病気平癒は全く快復したるもの丶他奇蹟と決定してはならぬ。又一旦平癒しても一二年の後検査して、毫《すこし》も再発の徴候《しるし》なきものに限り之を奇蹟の平癒と決定せねばならぬ。

などのような種々《いろいろ》の規則があって検証するのである。斯《か》くまで厳密な規則に従ってした博士等《たち》の検査を疑うことが出来ようか。斯くまでした証明が猶未《いま》だ信じ得られないとするような人ならば、如何なる証拠をも信ずることが出来ないであろう。

検証所長なるボアスサリー博士は既に是《これ》まで何度《なんたび》も検証報告書を公《おおやけ》にした。誠実《しょうじき》な人ならばたとい無宗教家であっても、其報告書を見て驚きながら無形世界と神の摂理とを信じなければ居られないであろう。

読者よ、吾等《われら》は今ルヽドに於て天より下《くだ》った有難い恩恵《めぐみ》の話を沢山お報《しら》せしたいが、茲《ここ》には大なる著書《ほん》を出す積《つも》りでなく、極々僅《ごくごくわずか》な時間で読終るべき小冊子を出すのが目的ですから、其実例は二三つに止《とど》めて置く。

ルヽドに於て俄《にわか》に癒った何千人の患者は種々《しゅじゅ》雑多の病症《やまい》に於てヾある。然しながら医学上から見るときは、肺病大小腸病のような内科的病症《びょうき》の俄に癒るということよりも、潰瘍《かいよう》とか癌腫《がんしゅ》のような外科的病気の平癒の方が更に奇《めずら》しい。何《な》ぜなれば既に腐って亡《なくな》った筋組織が突如として元の如く新たに組織が出来上って来るということは生理的法則に反対なる現象だからである。然も斯《かか》る平癒が幾度《いくたび》もあった。

然るに之よりも更に〳〵奇《めずら》しい平癒がある。それは骨が摧《くだ》けて其《その》摧けた部分が何年間化膿のために腐敗し膿汁《うみしる》と共に骨の摧片《さいへん》が排泄され、両方の折骨《おれめ》の間が二寸も離れて筋肉を以て継《つな》がって居るというような損傷《きず》が一瞬間に骨と骨とが延《の》びて元の如く継がり、傷が癒るというが如きは、医学上から見れば最も不可思議にして決して医術を以て解釈し得られぬ平癒である。

這般《かよう》なことが白耳義《ベルギー》人のペトロ・ドルデルという人にあった。彼は千八百六十七年（慶応三年）二月十六日樹木の倒れたのに打たれて左の脛膝下《あしひざした》約一寸の所に折れた。然るに千八百七十五年（明治八年）四月七日に俄に此傷が癒って、其《それ》まで何年間歩行の時に使った撞木杖《しゅもくつえ》を棄《す》て、起《た》ったり、歩いたり、駈けたり、悦《よろこ》んで躍ったりした。斯《かく》の如きは医学上から見て最も驚くべきことであるから、多くの医学博士等はために態々《わざわざ》各国から白耳義に往《い》って、其平癒を厳密に医学的検査をした。又西洋各国の医学雑誌と学術雑誌とは右の調査上から其不思議を論じた。此平癒は事実であること決して疑いない。余り不思議な事実であるから「不思議」と題して博士デーシアン氏の公にしたものを訳して出版した。読者若《も》し見たいならば無代で御請求に応じ一本を差上げよう。

五十余年間に於ける何千の平癒者の中《うち》に孰《いず》れを挙げて良いか分らぬ。何人《なんぴと》の平癒も悉《ことごと》く珍しくないのはない。故に先《ま》ず最近にあったことを挙げよう。明治四十二年仏国パリの文学士レネ・ガエル氏は「復活せられたる婦人」と題して一の記事を公にした。今其概略《あらまし》を摘《つま》めば、仏国の聖ポーロ・アンガチノという所に生れたエルネスチノ・ギルロトーという婦人は年齢廿四歳にして結核性の腹膜炎に罹《かか》って死を待つより仕方がなかった。彼女は二月より食事を取ることが出来ず、唯《ただ》水と珈琲《コーヒー》とを飲み得る斗《ばか》りである。而《しか》も時々水と珈琲までも納《おさま》らずに吐くことがあった。四月頃に至ってニヨル町の名高い外科医を頼んで手術を請うたが、外科医は断っていうに、屍《しかばね》に手術を施す必要はない、彼女の腸《ちょう》は既に全然腐敗されて居るから毫《すこし》も治療の見込がないと。斯《かく》の次第であるから、最早《もはや》神の外《ほか》頼むべきものはないと解《わか》った。彼女は聖母マリアを深く愛して居ったから、其御守護を願うために是非ともルヽドに往きたいと望んで、父母が医者に意見を聴いた所が、ルヽド迄《まで》往かざる中途《うちみち》に死ぬであろうといわれた。けれども其愛女《あいじょ》の切なる望みに、彼を慰める積りでルヽドに伴うた。所が果《はた》せる哉《かな》途中で太《ひど》く苦《くるし》み幾度《いくたび》気絶したか知れぬ。それでも漸《ようや》くのことでルヽドに着くことが出来た。八月廿一日の朝彼女は担架《たんか》のまヽ洞窟《ほら》の前に置かれた。此日《このひ》の参詣者は何千人であって、皆彼女を視《み》て驚き且《か》つ可哀《かあい》相《そう》に思った。最早死にかヽって居るという人もあり、最早死んで居るのだという人もあった位《くらい》である。

或《ある》一人の医者は彼女の傍に来て診《み》て立腹していう。斯《かか》る僅《わずか》に呼吸《いき》をして居るような死病者を此処に連れて来たというは何たる愚《おろか》ものであるかと罵った。如何にもそうである。最早此世の人とは思われない。

肉は全く落ちて骨と皮のみ、顔は蒼白《あおざめ》て眼は窪み殆《ほと》んど屍である。時にラヴァンノ市の大司教モルガン閣下が御聖体を捧げつヽ群《む》れ居《い》る参詣者の中を通って洞窟《ほら》より巌《いわ》の上の聖堂《みどう》に歩みを運ばれた所が御聖体が彼《か》の死病者なる婦人の担架の前を通過せられたとき彼病婦人《かのびょうふじん》は何か或恐《あるおそろ》しい刺激を受けたかのように、直《ただち》に起《た》って担架を下《お》り、何《なん》の助《たすけ》をも借らず御聖体の後に附《つ》いて歩み始めた。之を目撃した周回《まわり》の多衆《おおぜい》は恰《あだか》もラザルが墓より蘇《よみが》えったのを見るが如く皆々大《おおい》に驚いた。之を目撃した人の話に、其時彼女を視ることは全く死者が歩くと同じように怪しく感じたと。如何にもそうであったろうと想像《おもいや》られる。

此の婦人がルゝドの規則に従って彼《か》の検証所に往ったとき、同所の四五名の医師は、痩せ果てた此の死骸《むくろ》の如き体の歩むのを見て驚嘆の声を発した。間もなく麺麭《ぱん》肉《にく》などを甘《うま》く食《しょく》することは全く健全《たっしゃ》な人の通《とお》りであった。彼女は其夜大満悦《おおよろこび》で父母の家に帰った。

右のエルネスチノ・ギルロトー嬢は翌明治四十三年に聖母マリアに恩謝のため再びルゝドに参詣したが、此時は至極《しごく》健全であった。昨年癒ったとき彼女の体重は僅に廿二キロであったが、此歳《このとし》は五十七キロに増加した。彼女が検証所に往ったとき所長のボアスサリー博士がいうた。此婦人は平癒でなく全く復活であると。

読者よ。右にお読みの通りルゝドの泉《いずみ》水を飲まずして、唯其洞窟の前に祈って居って癒るのがある。而も斯の如き平癒が毎年《まいねん》何人もある。例えば明治四十二年八月廿二日リオン市の住人でベルリンという十七歳の男は散在性結核《さんざいせいけっかく》と心臓の重い傷害で煩《わずら》ったが、ルゝドに到《いっ》て間もなく彼《か》の溜池に入ったが、癒る所でなく却《かえっ》て前よりも悪く、忽《たちま》ち眼を釣上《つりあ》げて昏睡に陥った。そのまゝ担架に載せて洞窟の前に運ばれたが、最早直《す》ぐに死ぬであろうと思うて傍《はた》の人が布を以て其顔を被《おお》うた。所が聖体行列の通ったとき彼は俄に癒った。で其翌明治四十三年ル丶ドに往ったとき、ボアスサリー、コクス、ボンネなどの諸博士が検診したが、胸にも心臓にも何等の障害《さわり》が無いということを明《あきら》めた。斯の如き平癒の例を挙げれば際限がない。猶《なお》ボアスサリー博士の書いたものを見れば其細精《くわしい》こと確実《たしか》なことが解る。

第三章　ル丶ドの参詣

十九世紀のように物質的文明の非常に進歩した社会に於ては、ル丶ドの出現や其奇蹟なる病気の平癒などの譚《はなし》は最も奇異《ふしぎ》とし驚く所である。此故《このゆえ》に欧米各国に益々大評判となって、聖母マリアの御守護を願うためにル丶ドに参詣するものが年々増加し、今は毎年十数万の参詣者がある。

是等の参詣者中には個人々々で来るもの斗《ばか》りでなく、国民代表的の団体参詣も屢々《しばしば》有る所だ。一例を挙ぐれば明治五年十月六日には仏国民代表的の参詣があった。此時の参詣者の数《すう》は三万有余で、一同揃ってル丶ドに到り、揃って洞窟《ほら》の前に跪《ひざまず》き、心を合せて特に仏国のために神の御憐《おんあわれみ》と聖母マリアの御守護を願うたのである。此の三万有余の団衆《だんしゅう》は全仏国の各地より集《あつま》ったもので、中《うち》に司教あり司祭あり又政府の代表者あり、上院議員あり、下院議員あり、陸海軍人あり、法官あり、行政官あり、商人あり、工業者あり、農業者ありというように全仏国の各階級のものが悉々《ことごと》く集った。故に之《これ》を仏国民代表的の参詣というのである。同様に米国民の代表的参詣もあった。それは明治七年六月二日大西洋を横断してルヽドに着いたので、斯くも海波数千里を遠しとせずして来て、其本国のために聖母マリアの御守護を一向《ひたすら》に願うというは実に感ずべきことではあるまいか。

斯《かく》の如《ごと》き団体の参詣も殆んど毎年ある。又明治四十三年八月廿日の夜には、此のマッサビエルの巌《いわ》の周囲《まわり》に驚くほど壮大《さかん》な灯火《とうか》行列《ぎょうれつ》があった。恰度《ちょうど》日本の提灯行列のようなものであるが、彼地《あちら》には提灯がないから其代《そのかわ》りに松明《たいまつ》或《あるい》は蜜蠟燭《みつろうそく》の長いのを手に〳〵持つのである。此夜集《あつま》った参詣者は無慮五六万人で、各自《めいめい》手に長い蜜蠟燭を持ち聖母マリアを讃美する歌を謳いながら、行列を作《な》して洞窟《ほら》を出で、山腹の蜿《うね》った道を進み、上に建てられた聖堂《みどう》に往って、恰《あだか》も火の河が山の上から流れて居《い》るような壮観であった。又五六万人の口より出《いず》る賛美歌の声は天地に轟《とどろ》いて雷《らい》の如くであった。斯の如く壮絶雄絶の光景は凡《およ》そ一時間余に亘《わた》った。吾人《われわれ》若《も》しも親しく此の堅固なる信仰と深い望徳を有する大団体の動くを視たならば、或は今の腐敗した社会を忘れて、潔《いさぎ》よき霊界を多少感じ得られるであろう。

聖母マリアはベルナデッタに対して、多くの人々が此所《ここ》に来ることを望むと仰せられたが、然しル丶ドの洞窟に実際往《ゆ》かれるものは世界に少い。希望しても往《ゆか》れないものも概《おおむ》ね然りだ。此故に築山《つきやま》とか巌石《いわいし》などを以て洞窟に摸形《かたどつ》たものを造って、其処《そこ》にル丶ドの聖母の御像《ごぞう》を安置し、或はル丶ドの湧泉《いずみ》の水を取寄せてル丶ドの泉に往った積りで聖母の御守護を願いつ丶之《これ》を飲むというようなことをする。斯く願えばル丶ドまで往かずしてル丶ドに参詣したと同様な御守護を受ける。例えば前章《まえ》に挙げたペトロ・ドルデルの平癒はル丶ドに往ったのでなく、白耳義国のオースタッケル市に出来て居るル丶ドの摸造《うつし》なる洞窟に往って癒ったのである（委《くわ》しくは不思議《ふしぎ》と題した小冊子にあり）。而《しか》も此のドルデルの平癒などは最も驚くべきもの丶一である。

明治三十三年六月パリ府に開かれた学術会に於てボアスサリー博士が演説していう。ドルデルの平癒が生前に於て既に珍しきものなるが、彼が死後其《その》死体解剖によりて、医学上更《さら》に其奇蹟なることを確め得て毫《すこし》も難問理窟をいうこと能《あたわ》ざるに至れり。何《なん》となれば其奇蹟なることを学術的に確証せられたればなりと。

扨《さて》右の如く世界何《いず》れの処に於ても此のル丶ドの摸造《うつし》が出来れば聖母マリアの御守護を受けることが出来る。之を以て世界各国に於てル丶ドの洞窟と呼ぶ摸造が出来た。

欧羅巴《ヨーロッパ》、亜米利加《アメリカ》、亜細亜《アジア》、亜非利加《アフリカ》諸州に於て、苟《いやしく》も天主公教の有る国には必ずル、ドの洞窟の摸造のない所は無いけれども、其摸造が多くは幾分似て居るというに過ぎない。全くル、ドの洞窟と同一形状同一寸尺《おなじかたちおなじすんしゃく》に造ることは困難と費用を要するから極めて少い。

是等摸造の中《うち》に右白耳義《ベルギー》国オースタッケル市にあるものと同様に世に知られて居るのは、羅馬《ローマ》のヴァチカン宮殿に建てられたもの、同《おなじ》くナポリ市にあるもの、パリ府にあるもの、又瑞西《スイス》国フリブルグ市、西班牙《イスパニア》国サラゴスセ市及マドリド府などである。其他英《えい》国《こく》、愛蘭土《アイルランド》、独逸《ドイツ》国、墺土利《オーストリー》、白耳義、合衆国、カナダ、ブラジルなど数えられない。

日本に於てル、ドの聖母の御像は多くの教会に安置されてあるが、洞窟の摸造まである所は極めて少い。肥前の五島《ごとう》の中玉村《うちたまむら》、備後の福山、尾張の名古屋などに洞窟の摸造が出来て居る。けれども全くル、ドの洞窟と同一《おなじ》に出来た摸造は今迄《いままで》日本には一個所もなかった。之を大《おおい》に遺憾として今度東京小石川区関口台町《せきぐちだいまち》十九番地に在る玫瑰塾《まいかい》の後庭の広地に純粋の摸造を築造《こしらえ》ようと経画《けいかく》するに至ったのである。此処に築造る摸造はル、ドのマッサビエルの洞窟と全く同一形状同一寸尺《おなじかたちおなじすんしゃく》にするために、ル、ドの聖堂《みどう》の主任司祭に依頼して、其図面と写真と摸型《もけい》まで取寄せた。又此築造《このちくぞう》に就《つい》ては凡《すべ》ての設計を東京に知名の技師に依頼した。

此洞窟は基底《もと》から天井まで一番高い所が二丈《じょう》三尺《じゃく》である。入口から奥まで深さが三丈九尺、横巾三丈七尺である。洞窟の内部天井から四壁に高低《たかひく》あり凸凹《でこぼこ》あり不正な曲《まが》り方のある所など細密な所まで全く原形の通りであるから其工事は案外に困難であり又時日を費《ついや》した。

カトリック東京カテドラル関口教会に現存するルルドを摸造した洞窟

岩石の内部は鉄橋に用いるような複雑な且《か》つ頑丈な鉄骨で、外部はコンクリートを以て固めたものである。此故に堅固なる上に全く原形に摸倣《にせ》易《やす》かった。殊《こと》に岩石の色彩《いろあい》までルヽドの洞窟と同様にした。斯く何から何まで実際の洞窟と同一《どういつ》にすることはなかなか困難な工事なるに係《かか》らず技師と工手《こうしゅ》の巧みなる手際によりて立派に竣工した。

此の洞窟の右上《みぎうえ》方の窪み聖母マリアの御像の建てられた所が、即ち五十二年前聖母マリアの出現し給うたと全く同一の位置である。御像の丈《たけ》は五尺有余寸で其御服装の色彩《いろどり》はベルナデッタの語った通りである。全く出現し給うたと同一に聖母の御足《みあし》の許《もと》に薔薇《ばら》を植えた。只五十二年前には野茨であったがこれは薔薇であるの違いだけである。猶充分なるがためにル、ドの泉水《みず》をも取寄せて置いてある。

第四章　ル、ド出現の理由

読者よ。此書《このほん》と不思議という二つの小冊子を読んだならば、無宗教家でも他教者でも、其学術的の証明なる多くの医学博士がした厳密な調査《しらべ》と又診断書などによりて、作話《つくりばなし》や小説でなく全く実際にあった話だと認められるであろう。

斯《か》く無形界《むけいかい》の御者《おんもの》が出現するというようなことは極めて少い事実である。殊《こと》にル、ドの出現ほどに大評判《おおひょうばん》になったのは全く空前である。然《しか》るに十九世紀の半頃《なかごろ》に至って斯《かか》る大評判の出現があり、又其後年々《またそののちねんねん》続いて行われる病気が癒るという奇蹟が多くあるというは抑何故《そもそもなにゆえ》であろうか、とは人皆《ひとみな》考うる所であろうと思うが、其理由《わけ》は委《くわ》しく弁ずるまでもなく明《あきら》かに知り得られる。

人間の智識《ちえ》というものは存外浅くて迷い易《やす》い。心は生《うまれ》ながら曲《ひね》れて居るから悪をなし易い。それゆえ開闢《かいびやく》以来迷わされた人、悪を為《な》す人が始終絶《た》えない。個人としてはそうであるが、然し国民としては如何に迷うても無宗教になったという例は未《いま》だ一個国《かこく》もなかった。又極めて少数の哲学者文学者の外《ほか》無神論者はなかった。即《すなわ》ち僅《わず》かな例外のあった他《ほか》世界万民が神、霊魂の不滅、来世というが如き有形界《ゆうけいかい》の外なる無形界の存在を信じて居った。然るに纔《わずか》に三百年前より実験学が進歩し始め、十九世紀に至って特に長《ちょう》足《そく》の進歩をしたならば、文明諸国に於ける一般人心《いっぱんじんしん》が非常に変った。社会が顚覆《てんぷく》するほどの各国交通に革命を与えた蒸汽電気などの珍しい機械が発明されてより、人民の精神上にも一大革命を起《おこ》すようになった。即ち各国の交通と、商工業の経営、職工《しょっこう》労働者の働き方、上級者と下級者の交際振《こうさいぶり》などがガラリ変り、従って社会の文明は物質的に傾いたのである。

此故《このゆえ》に生存の競争や職業の衝突、貧富の懸隔《けんかく》が益々甚《ますますはなはだ》しくなり、為《ため》に多数人《たすうじん》は物質にのみ心を奪われ無形界霊性上のことなどは全く忘れるようになったのは、今の世の昔時《むかし》と最も違う所である。勿論《もちろん》昔時とても無宗教家無神論者が皆無であった訳《わけ》ではない。けれども極めて少かった。之《これ》に反して今日《こんにち》は多少物質的文明の進歩した国々に於ては無宗教の人間が数えられないほど多くなって無神論者は益々殖《ふ》える。要するに信仰者自身に於ては其信仰が薄弱になり、無信仰者に於ては神と凡《すべ》ての無形界に関係する説などは抹香臭《まっこうくさ》いというて笑って顧《かえり》みない。社会一般が万物の主《しゅ》なる造物主《ぞうぶつしゅ》に遠《とおざ》かりつゝある。

斯《かか》る風潮であるから社会の腐敗を防ぐために、人間は物質界のためのみに造られたものでない、無形界のために造られたものだということを覚《さと》らせるために、人間は決して独立独歩のものでない、自分が自分の主人でない、人間には其生死を宰《つかさど》り給う神があるということを証拠立てるために、特にルヽドに出現があったのである。ルヽドの出現は実に斯る御憐《おんあわれ》みの目的に由ってゞある。

然しながら盲目者なるほど智的傲慢《ちてきごうまん》に昏《くら》んだ人、或《あるい》は精神が麻痺するほど不品行に流れた人は、ルヽドの話を聴いて愚説《ぐせつ》として笑うであろう。斯る人は福音に記《しる》された如く「自らの眼で復活せる人を視《み》るも信じない」であろう。彼等は最早棄《す》てらるべきものである。

之に反して傲慢と罪悪《つみ》とに傾かず、尚《なお》人間たる良心の存する人ならば、ルヽド出現と其夥《おびただ》しい奇蹟なる病気平癒の疑うべからざるを知って、何《ど》うでも感じて考えるであろう。此故にルヽドの恩恵《めぐみ》は肉体の平癒よりも更に精神の平癒に及ぶ方が非常に多いことは疑いない所である。ルヽドの有難《ありがた》き出現に依《よ》って無信心《ぶしんじん》なる信者が熱信《ねっしん》になり、無宗教者が信者になり、悪人が善人になったことは甚だ多かった。斯く精神の平癒即ち人々を悔悛《くいあらた》めさせるというのがルヽド出現の真正《ほんとう》の目的である。

近世の社会は実験学に酔《よ》い実験学に蕩《とろ》けて仕舞《しま》った。実験学的の証拠の他承認しない、故にルヽドに於て現われた証拠は実験学的の証拠である。即ち実験学が他《た》の凡《すべ》ての現象を研究するが如く、医学上から厳密な研究をして居る。其上又近世の如く懐疑主義に傾いた社会に於いては過去に行われた不思議な平癒などは兎角《とかく》疑いの目を以て視るから、現在は視らるゝため年々不思議な平癒が多く行われるのである。而て《しかし》何時でも如何《いか》なる医者なりとも、学者なりとも、無宗教者なりとも、無神主義者なりとも、自由にルヽドの検証所に出入《ではいり》することが出来る。故に是等が自然療能《りょうのう》の平癒であるか、精神感応《かんおう》より来る平癒であるか将又超自然力より来《きた》れる平癒であるかは極めて実見し易い。

ルヽドの平癒は決して秘密に検査するものでなく、公々然《こうこうぜん》とするのである。而て《しかし》之を学術雑誌に論じ或《あるい》は非難し批評する。斯くして第二章に陳べた通り聊《いささ》かでも疑わしい平癒、多少でも自然力を以て説明し得《う》る余地ある平癒なれば之を除外する。之よりも更に確実《たしか》な明白《あきらか》な証拠が立てられようか。斯《かく》の如くでも吾等《われら》は尚《なお》無形世界、神の摂理などを信じられない理由《わけ》があるであろうか。

嗚呼《ああ》ルヽドの聖母よ！　吾等の為に禱《いの》り給《たま》え。病人の快復、吾等の為に禱り給え。罪《つみ》人《びと》の信頼者《よりたのみ》、吾等の為に禱り給え。

ルヽドの聖母よ！　日本帝国の為に禱り給え。

ルヽドの洞窟《ほら》　終

（東京大司教伯多禄沙勿略認）

訳者あとがき

「まえがき」で触れたとおり、ここでは『ルルドへの旅』翻訳に関わる周辺事項を述べて、いささか異例ながらあとがきに代えることにしたい。訳者として述べておきたいことであると同時に、英訳者が一米国人女性の生涯としてあまり類のないものと思われるためだ。

本書に訳出したのは、仏語原典の英語版からの重訳である。カレル自筆の原典 *Le Voyage de Lourdes* は一九〇二年の最初のルルド訪問直後に書かれたが、既述のような事情のために公表されず、筐底《きょうてい》に秘されたまま彼の死にいたった。死後五年を経た一九四九年に、未亡人アン・ド・ラ・モットの手により、晩年のカレルが心より信頼していたトラピスト会修道士アレクシー・プレス師の序文をつけたうえで、「ルルドの治癒」（＝本書では「編者後記」）「日記断片」「瞑想」との合冊でパリのプロン社より公刊された。

翌一九五〇年には、ヴァージリア・ピーターソン Virgilia Peterson 訳の『ルルドへの旅』単体の英語版が世に出た。米国では The Voyage to Lourdes のタイトルで序文をチャールズ・リンドバーグ執筆に変えてニューヨークのハーパー・ブラザーズ社より、英国ではプレス師の序文のままタイトルを The Journey to Lourdes としてロンドンのハミルトン社より出版され、英語諸国、なかんずく米国で非常な好評を得た（ただ、私は英国版を見ていないので、ヴァージリアの序文訳文の知識はない）。本書が底本としたのは米国版だが、序文はプレス師のものがより適切と考え、仏語原典所載のものを直接訳出した。既述のスタンリー・ジャキは、不可知論者、つまり、簡単にいえば神の存在について意思を明確にしない人物であるリンドバーグの序文が米国版の真価の足を引っ張った、と述べている。ジャキの立場からすればそうなのかもしれないが、私の趣旨は、カレルのリンドバーグとの親交はルルドとはおのずと別次元のものと見られるので、プレス師のものがある以上はそちらを採りたいというにすぎない。

序文を除く本文を英語版より重訳したいきさつはつぎのとおりである。

英語版を一読した私は、その流麗で読みやすい、カレルの心情を十分に写し取った文章に強い印象を受けた。分量が手ごろなのをさいわいに、英訳文とカレルの原文をパラグラフごとにすべて照合、点検した。

それでわかったのは、英訳者が原著者の意思を完全に咀嚼したうえで原文の個々の用語はおろか、パラグラフ単位の改廃や置換すらきわめて大胆に行なっていることだった。翻訳論を私はあまり知らないが、本来翻訳にはそのような配慮も必要だ、ということは理解できる。

一般に欧米の翻訳者の位置はわが国とは異なり、訳者名を記載しない書物はふつうといってもいい。今回はそうではなかったが、ヴァージリア・ピーターソンという女性がどういう人か、ということは容易にわかった。すでに再三引用したカレルの主著で「F・ピーターソン博士を委員長とする、ニューヨーク医学アカデミーの医学宗務委員会は、最近この重要な問題（「奇蹟の存在」）について研究を始めるために、その会員の一人をルルドに派遣した」（『人間』一八八～一八九）と述べられた、コロンビア大学教授を長く務めた著名な精神医学者、詩人のフレデリック・ピーターソン（一八五九～一九三八）の次女である。

ヴァージリア（一九〇四～六六）は名門ヴァッサー・カレッジ（セヴンシスターズの女子大だがいまは共学）を経て渡仏、グルノーブルで学び、そこで知り合ったポーランドの旧貴族サピエハ侯ポール（正式名 Pawel Maria Fryderik Walerian Antoni Pascahlis Sapieha. 一九〇〇〜八七）と三三年にロンドンで二度目の結婚をしてポーランドに赴く。サピエハは一七九五年に消滅した最後のポーランド王国の大貴族の嫡流で、元来は中世リトアニア（バルト海からウクライナを含んで黒海にいたる大公国）の出身といい、西ポーランド各地になお一族所有の城と一万エーカーの地所、そしてチェコ系の母親「プリンセス・ヴィンディッシュ＝グレーツ」の血筋をもち、グルノーブル大学に留学中だった。結婚後はポーランドの西南部、上シレジアのシェドリスカに六年間居住して長女、長男を得るが、カトリックの因習の強いポーランドでの生活（三〇年代半ばまで電気もなかった）や家族関係は容易なものではなかった。

すでにチェコ側を支配下においていたナチスドイツの企業との合弁で国境を挟んだ石炭鉱業を経営していたポールは、オーストリア人株主の離反によって株式の過半をドイツ側に握られ、事業から撤退する。ソ連の共産主義と、社会の上層を掌握するユダヤ人に強い反感を持つポールを含む一般のポーランド人にとっては、一時は頼りに思われたナチスドイツの動きに我慢できなくなるのも時間の問題だった。

三九年九月一日、ドイツはポーランドに侵攻し、第二次大戦が始まる。ポールは立場上予想もしていなかった動員令の対象となり、兵科ではないが軍務に服した。一家の所在地も連日ドイツ空軍機の来襲があって安閑としていられなくなる。九月十日の夜、突然帰宅したポールは即刻避難してルーマニア経由でハンガリーに逃れることを指示する。同居するポールの母と姉（妹）は頑として脱出を拒んだ。やむを得ず、大急ぎで荷をまとめ、ヴァージリアと二児と召使いは運転手つきの二台の車に分乗して灯火管制下の深夜の街道をしゃにむに東進し、国境近くでポールが手配しておいた家で三日を過ごしたあと、機関車と客車、貨車それぞれ一両という特別の列車で二マイルを越えてルーマニアに入った。開戦時にはルーマニアもハンガリーも枢軸側に参加していなかったのだが、当時の国境線の入り組み方は、いまの感覚ではまったく理解できない。

ヴァージリアが脱出した翌朝には、自宅（古城か）が空爆の犠牲となったことはあとでわかった。

ここまでのことは、ヴァージリアが帰米後の四〇年にヴァージリア・サピェハの名で刊行した自伝小説 *Polish Profile*（「ポーランドの横顔」）にきわめて生彩ある筆致で描かれている。

ポールはヴァージリアのあとを追うようにして脱出し、一家で米国に移住した。米軍に入り、離婚したうえで一九五〇年勃発の朝鮮戦争に情報担当で従軍したらしいが、前

アメリカに到着したヴァージリア・ピーターソン（後列左）と夫ポール（右隣）、子供たち（前列、二歳のニコラスと六歳のクリスティーナ／写真提供＝アクメ Acme）

記のとおり八七年にミュンヘンで死亡するまでのことは審らかでない。ヴァージリアは五〇年に最後の夫ポールディング（雑誌編集者）と結婚したが、六五年には夫に先立たれた。

戦後、一九五〇年に彼女が『ルルドへの旅』を英訳、刊行したのは、このような背景があってのことだった。それが、亡夫の友人フレデリック・ピーターソンの娘の語学力（グルノーブルのあとウィーンで学んだためドイツ語も自由で、最初は難渋をきわめたポーランド語もものにした）と文才を見込んだカレル未亡人の勧めによることは、著作権が未亡人アンの名義になっている点に照らして、まずまちがいはないだろう。

その後、ヴァージリアはニューヨーク・タイムズやヘラルド・トリビューンに書評を執筆し、ラジオの、やがてテレビのタレント解説者として名を高めた。一九五六年度WNYCラジオの書評部門でピーボディ賞を受賞したし、前記のほか著書もいくつかあるが、そのひとつ *A Matter of Life and Death*（「死活の問題」）。母親との深刻な葛藤がテーマらしいが私は未見）は一九六二年にナショナル・ブック・アウォードの候補になっている。

私は、ヴァージリアをカトリック信者とばかり思いこんでいた。その立場であってこそ、『ルルドへの旅』のカレルの体験を、これだけ表現を変えても、むしろそれによって、的確に移し替えることができたのだろうと見ていたのだが、*Polish Profile* を一読してまったくの誤解とわかった。彼女も多くの米国人と同様に本来はプロテスタントであり（父親の家系はスウェーデン人）、ポーランドのいなかで、複雑をきわめた歴史を引きずる十八世紀以来の大層な称号を持って限りなく現れる夫の一族とつきあうには、ことごとに自分を抑えることが必要だった。

同書に、子供は召使いに任せて夫と二人だけで里帰りをしたときの話がある。友人に、「〈短い間に再婚した夫という〉伝統的なとばりに包まれてヨーロッパの都の罪深い生活を送っているわけでないことを証明する」のも目的のひとつだった。川に面した実家で両親と夫を含めた場面での会話につぎのようなものがある。

夫と父が、娘をカトリックとして育てている〔ヴァージリアの二児は夫の戸籍で自動的にカトリックになっている〕ことを話していた。

「カトリックであるというのは、たいしたことなのだよ」と父が言った。「仕事柄、私はその意味がよくわかっている。カトリック信者に神経症患者がまず見られないことの理由は、思うに、罪の告白（告解）にあるのだ」

「どうして、私をそうしなかったのです？」と私は訊いた。

「そこだよ」と父は笑顔で答えた――「おまえが生まれたのは、私たちの友人すべてがダーウィンの影響を受けていた時代だ。私たちは、人間であることに超自然的な解釈など入る余地がないと信じていた。その後、私は考えを改めた」と父は言う――「おまえのお母さんもそうだった。もっとも、私はいまでもわれわれがサルの一族だと確信しているがね」

そして、葉巻を口にしたまま含み笑いをした。

「汽船も電話も人間の本質を改善できなかった、それはまちがいないと思います」と夫が言う――「人間は、キリストのときからちっとも変っていません」

これは、私がポーランドでしょっちゅう聞いていることだった。母が躍起になって反論するかと思ったが、何も言わない。父は思慮深そうな目で自分の植栽を見やっていた。

私は夫に向かってこう言った——「そのことを、原罪というあのみじめな見方のおかげでおっしゃるわけだけれど、医学や社会福祉や公共の安全といったことはどうなの？　キリストの時代に比べると、かなりのことはやってきた、これは進歩じゃありませんか？」

「おまえの言うことにも一理はある」と父が言った——「だが実は、ポールの言うとおりだ。人間の本質自体は変わっていない」

「じゃあ、いったいヒューマニタリアニズム〔人間は神の力を得なくても完全なものになりうるという考え〕って何なの？　結局のところ、あれはお父さんがくださった唯一の宗教で、私はお父さんのものと思ったから信じたのに」

「これこれ、自分の親に向かってそんな口のきき方をするものではありません」と母が割って入った。

「女性とは、議論をするとかならず人身攻撃をするものです」と夫は笑いながら利口ぶって言った——「そして、彼女も例外ではありません」

それぞれ自信たっぷりの三人の身近な顔に目がかすんでしまい、私は早々に自室に引き揚げた。

これは、同書でヴァージリアの宗教観を垣間見させる唯一の記述である。ヒューマニタリアニズムは、彼女は「宗教」という言葉を用いているが、ここでは無宗教、むしろ無神論といっていいだろう。それを思うと、『ルルドへの旅』の英訳で、カトリックの信仰を回復したカレルの心情の翻訳に見せた彼女の腕さばきはみごとなものといえないだろうか、というのが私の受けとめ方だ。

つぎに、カレルの原典についてだが、前記のように私も一応かかわりを持った立場で言わせてもらうと、相当に硬い文章といえると思う。『人間――この未知なるもの』の訳者、渡部昇一氏の「訳者のことば」にある、同書の「原文にある勁駿《けいしゅん》な感じ」とは、これを指すものと思われる。原典の点検中に痛感したが、もし私が訳したならば、力不足は別としても全体がごつごつして読めたものではなかったにちがいない。

前述のとおり、英訳とはいうもののヴァージリアの文面が原典と相当な意図した開きがあることは私がもっともよく知っている、と言っても許されるだろう。また、文意はいうまでもなく、ルルド体験直後に書かれたカレルの息遣い、筆遣いそのものが写し取られていると言っても差支えはないと思う。何よりも、米英を主とする英語圏の読書層でフランス語の知識がない人（その割合がいかに大きいかも体験的に承知しているが）がカレルの手記を読もうとすればヴァージリアの訳文しかないはずという事実は動かせない。それどころか、英語版のほうが仏語原典よりも多く読まれた可能性も捨てきれない。

ヴァージリアがそれだけの力量を備えた人であることは明らかで、重訳という枠を意識しないでお読みいただきたい、というのが私の願いである。

翻訳にあたっては、中村弓子氏の仏語原典訳『ルルドへの旅』は十分に参照させていただいた。改めて、お礼を申しあげたい。また、地図作成や資料整備などでお世話になった八木谷涼子氏のご協力にも感謝の言葉を申し述べたい。

なお、私は英訳米国版つまり拙訳とおなじ原書を昭和三十二年（一九五七）という初期に訳出し、翌年に刊行された稲垣良典氏の『ルルドへの旅』があることを知らなかった。しかも、『人間――この未知なるもの』の「訳者のことば」でそのことに触れられているのをなぜか見のがしていた。自分の不注意を遺憾とし、この旨をひと言申し添えておきたい。

本書は訳し下ろしです

中公文庫

ルルドへの旅《たび》
——ノーベル賞受賞《しょうじゅしょう》医《い》が見《み》た「奇跡《きせき》の泉《いずみ》」

2015年10月25日　初版発行
2024年11月15日　3刷発行

著　者　アレクシー・カレル
訳　者　田《た》隅《すみ》 恒《つね》生《お》
発行者　安 部 順 一
発行所　中央公論新社
〒100-8152　東京都千代田区大手町1-7-1
電話　販売 03-5299-1730　編集 03-5299-1890
URL https://www.chuko.co.jp/

ＤＴＰ　ハンズ・ミケ
印　刷　大日本印刷（本文）
三晃印刷（カバー）
製　本　大日本印刷

Published by CHUOKORON-SHINSHA, INC.
Printed in Japan　ISBN978-4-12-206183-5 C1114

定価はカバーに表示してあります。落丁本・乱丁本はお手数ですが小社販売部宛お送り下さい。送料小社負担にてお取り替えいたします。